Hans-Georg Willmann

Erfolg durch Willenskraft

Hans-Georg Willmann

Erfolg durch Willenskraft

Wie Sie mehr von dem erreichen, was Sie sich vornehmen

GABAL

Bibliografische Information der Deutschen Nationalbibliothek

Die Deutsche Nationalibliothek verzeichnet diese Publikation in der Deutschen Nationalbibliografie; detaillierte bibliografische Daten sind im Internet über http://dnb.d-nb.de abrufbar.

ISBN 978-3-86936-638-8

Lektorat: Eva Gößwein, Berlin
Umschlaggestaltung: Martin Zech, Bremen | www.martinzech.de
Umschlagfoto: michaeljung/iStock
Autorenfoto: © Alex Jung
Illustrationen: © Wolli Ruf
Satz und Layout: Lohse Design, Heppenheim | www.lohse-design.de
Druck und Bindung: Salzland Druck, Staßfurt

www.gabal-verlag.de

Inhalt

Einleitung

Er|folg, der; -[e]s, -e; positives Ergebnis einer Bemühung; Eintreten einer beabsichtigten, erstrebten Wirkung; das Gelingen einer Sache; das persönliche Vorankommen; das Erreichen selbst gesetzter Ziele.

Ich wette, dass es keinen einzigen Erfolgsmenschen gibt, der nicht willensstark ist. Der Zusammenhang zwischen Willenskraft und Erfolg bleibt zwar oft im Verborgenen, spielt aber fast immer eine entscheidende Rolle, wenn wir etwas zuwege bringen wollen. Das ist ein Buch über Ihre Willenskraft und darüber, wie Sie mehr von dem erreichen, was Sie sich vornehmen. Frauen und Männer, die in meine Coaching-Sprechstunde kommen, formulieren selten den Wunsch „*Ich will willensstärker werden*". Menschen, die zu mir kommen, wollen etwas in ihrem Leben verbessern. Sie wollen eine befriedigende Arbeit oder sich beruflich entwickeln. Sie wollen promovieren oder eine gute Führungskraft werden. Sie wollen finanzielle Sicherheit, gesünder leben oder einen lange ersehnten Traum verwirklichen.

Willenskraft macht erfolgreich

Ich habe dieses Buch geschrieben, weil ich bei all diesen Menschen sehe, wie Willenskraft erfolgreich macht. Willenskraft hat von allen Faktoren den größten Einfluss auf ein gelingendes und erfülltes Leben. Zahlreiche Studien belegen: Willenskraft hat einen größeren Einfluss auf den beruflichen und privaten Erfolg als Intelligenz. Willenskraft bestimmt mehr über Führungserfolg als Charisma. Menschen, die ihre Willenskraft klug nutzen, leben glücklicher und gesünder. Sie verdienen mehr Geld, ihre Beziehungen sind stabiler und sie verwirklichen mehr von dem, was sie sich erträumen. Willensstarke Menschen sind erfolgreicher. Sie erzielen auch mit begrenzten Mitteln und unter widrigen Umständen gute Leistungen, weil sie es schaffen, sich selbst zu überwinden, um eine Absicht in die Tat umzusetzen, und durchzuhalten, bis sie ihr Ziel erreicht haben.

Aber kaum ein Ratgeber sagt uns, wie wir willensstark werden. Die meisten Bücher über Erfolg – gleichgültig, ob es um die Karriere, um eine Diät oder um finanzielle Unabhängigkeit geht – möchten uns anleiten, uns Ziele zu setzen und diese zu verfolgen. „*Wenn wir etwas nur wirklich wollen*“, so der Ratschlag, „*dann schaffen wir es auch.*“ Doch wenn es ausreichen würde, ein Ziel zu definieren und „*es nur wirklich zu wollen*“, wäre jeder unserer Neujahrsvorsätze ein Erfolg und meine Coaching-Sprechstunde leer. Selten sagt uns ein Ratgeber, warum wir all das, von dem wir wissen, dass wir es tun sollten, nicht längst tun.

Willenskraft als wertvolle Ressource

Viele Menschen verpassen den Erfolg, weil sie mit ihrer Willenskraft im entscheidenden Moment nicht klug umgehen – und viele dieser Menschen schimpfen sich selbst willensschwach. Doch das stimmt nicht. Jeder von uns ist mit der Anlage zur Willenskraft geboren und jeder von uns kann lernen, klug damit umzugehen. Denn bei unserer Willenskraft handelt es sich weniger um eine trainierbare Fähigkeit als vielmehr um eine begrenzte Ressource, die wir vor Erschöpfung schützen und gezielt einsetzen können. Die neurobiologische und psychologische Forschung hat in den vergangenen Jahren viele Erkenntnisse hervorgebracht, die es Ihnen erleichtern werden, Ihre Willenskraft klug zu nutzen.

All diese Erkenntnisse können wissenschaftlich und hochkomplex beschrieben werden oder praktisch und ganz einfach. Ich gehe praktisch ran und werde Ihnen viele Tipps, Tricks und Übungen zeigen, wie Sie mit weniger Aufwand viel mehr erreichen werden. Verstehen Sie die Tipps als Angebot und prüfen Sie, was für Sie persönlich hilfreich ist. Ein kluger Umgang mit Ihrer Willenskraft macht den Unterschied zwischen Erfolg und Misserfolg – in fast jedem Lebensbereich. Wenn Sie Ihr Leben verbessern wollen, ist Willenskraft Ihr neuer Freund. Und Willenskraft hat ein Gesicht. Darf ich vorstellen: Wilma, die Willenskraftschildkröte. Wilma begleitet Sie durch dieses Buch. Sie steht für Beharrlichkeit und Konsequenz. Wenn Sie auch nur einen Tipp in diesem Buch mit der Konsequenz und der Beharrlichkeit einer Schildkröte umsetzen, werden Sie mehr von dem erreichen, was Sie sich vornehmen – darauf wette ich!

Ich wünsche Ihnen einen klugen Umgang mit Ihrer Willenskraft.

Dipl.-Psych. Hans-Georg Willmann
willmann@willenskraft.de

1 Die Willenskraftherausforderung

Haben Sie ein Ziel, auf das Sie sich konzentrieren wollen? Vielleicht wollen Sie beruflich weiterkommen, eine Fremdsprache erlernen oder einen Masterabschluss erwerben. Vielleicht wollen Sie auch gesünder leben und einige Kilogramm abnehmen. Oder Sie wünschen sich mehr finanzielle Sicherheit und mehr Zeit für Ihre Familie. Was möchten Sie öfter oder intensiver tun oder nicht länger aufschieben, um Ihr Ziel zu erreichen? Was möchten Sie gerne sein lassen oder reduzieren, weil es Sie daran hindert? Und was haben Sie heute bereits für Ihr Ziel getan? Auf den nächsten Seiten erfahren Sie, warum es Ihnen oft schwer fällt, das, was Sie sich vornehmen, auch wirklich in die Tat umzusetzen – obwohl Sie hoch motiviert sind. Sie lernen das *tierische Programm* kennen, das Sie ständig dazu verführen will, Anstrengung zu vermeiden und Bedürfnisse sofort zu befriedigen. Sie ergründen das Geheimnis der Menschen, die es schaffen, ihre Ziele erfolgreich umzusetzen, und testen, wie klug Sie bereits den Erfolgsfaktor Nummer eins – Ihre Willenskraft – nutzen.

Ich will es ja, aber ich schaffe es nicht

Überwindung vs. Anstrengungsvermeidung

Kennen Sie das? Montagabend. Der erste Arbeitstag der Woche ist geschafft. Eigentlich haben Sie sich vorgenommen, ins Fitnessstudio zu gehen. Sie fahren nach Hause, um die Sporttasche zu packen. Der Geist ist willig, aber das Fleisch ist schwach.

„Erst mal kurz auf die Couch, Nachrichten schauen", sagt eine Stimme in Ihnen. Und schon verliert Ihre Absicht, Sport zu treiben, im Kampf gegen den spontanen Impuls zur Anstrengungsvermeidung. Sie können sich nicht selbst überwinden, Ihre Absicht in die Tat umzusetzen. Die Couch gewinnt. Jeder kennt das Gefühl, sich überwinden zu müssen, um etwas zu tun oder etwas zu lassen. Was dabei in Ihrem Gehirn passiert, können Sie sogar fühlen. Testen Sie sich einmal selbst mit dem folgenden kleinen Willenskraftexperiment.

Willenskraftexperiment: Der Farbwort-Test

Hier sehen Sie Wörter, die in unterschiedlichen Farben geschrieben sind. Bitte benennen Sie laut die Farbe der Wörter, so schnell Sie können, von links nach rechts. Lesen Sie die Wörter nicht vor.

grün	schwarz	grün	grün
schwarz	grün	schwarz	grün
grau	grün	grau	schwarz
grau	grün	schwarz	grau
schwarz	schwarz	grau	grün
grün	grün	grau	schwarz

Konnten Sie die Farben zügig und stotterfrei benennen? Bei dieser Übung, die an einen Test des Psychologen J. Ridley Stroop angelehnt ist, wird ein wichtiger Zusammenhang deutlich: Das Lesen einfacher Wörter ist eine automatisierte Handlung, die Sie kaum unterdrücken können. Das Erkennen und Benennen von Farbe ist weniger automatisiert und deshalb brauchen Sie dafür mehr willentliche Aufmerksamkeit und Konzentration. Wenn Sie plötzlich das Wort „grün" in schwarzen Buchstaben vor sich haben, ist eine zusätzliche Anstrengung nötig. Es kostet Sie Kraft, den spontanen Impuls zu unterdrücken, das Wort

„grün" zu lesen, und sich dazu zu überwinden, die Farbe der Buchstaben zu erkennen und schließlich „schwarz" zu sagen. Die Kraft, die Sie soeben gespürt haben, ist Ihre Willenskraft. Die universelle Kraft, mit der Sie jede Ihrer Absichten in allen Ihren Lebensbereichen erfolgreich in die Tat umsetzen können.

> **Wil|lens|kraft,** die; [Volition]; die psychische Energie, die notwendig ist, um Unlustgefühle, Ablenkungen oder andere Hindernisse auf dem Weg zur Zielerreichung zu überwinden; [...] bezeichnet den Prozess der Bildung, Aufrechterhaltung und Umsetzung von Absichten.

Experimentelle Untersuchungen haben gezeigt, dass die meisten Menschen stocken und zögern, wenn sie diesen Test durchführen. Denn um die Farbe zu benennen und nicht das Wort zu lesen, muss dauerhaft die Absicht „Farbe benennen" im Absichtsgedächtnis wachgehalten werden. Es muss also das schwierigere, aber beabsichtigte Verhalten „Farbe benennen" aktiviert und der automatisierte Handlungsimpuls „Wort lesen" unterbunden werden.

! Immer, wenn wir eine Absicht in die Tat umsetzen wollen und die beabsichtigte Verhaltensweise anstrengender ist als unser spontaner Handlungsimpuls, brauchen wir unsere Willenskraft.

Mentaler Verarbeitungskonflikt

Beide Aktivitäten gleichzeitig – „Wort lesen" unterbinden und „Farbe benennen" aktivieren – arbeiten jedoch gegeneinander, überreizen unsere Sinne und rufen einen Widerspruch in unserem Gehirn hervor. Dieser mentale Verarbeitungskonflikt kann unsere Willenskraft ganz schön herausfordern. Und manchmal überfordert er uns auch. Sobald wir uns etwas vornehmen, das einem spontanen und damit automatischen Impuls widerspricht, müssen wir das sehr bewusst, das heißt absichtlich tun.

Nur was im Fokus unserer Aufmerksamkeit liegt und damit im Absichtsgedächtnis ankommt und wachgehalten wird, hat eine Chance, auch umgesetzt zu werden.

Ansonsten fallen wir schnell in unsere gewohnten Verhaltensmuster zurück oder *vergessen* einfach, das Gewollte auch tatsächlich umzusetzen. Dieses Phänomen kennt jeder, der seine alltägliche Routine auf dem Weg zur Arbeit absichtlich unterbrechen will, um beispielsweise noch vor Arbeitsbeginn einen Brief zur Post zu bringen. Sie bilden die Absicht „Brief abgeben" und nehmen sich vor: „Heute an der Kreuzung rechts zur Post, *nicht* links zum Büro abbiegen." Noch beim Einsteigen und auch auf den ersten Kilometern halten Sie Ihre Absicht wach – „an den Brief denken, an den Brief denken, Brief, Brief, Brief ..." –, aber häufig gelingt es nicht, sich lange genug auf das Rechtsabbiegen zu konzentrieren und die Aufmerksamkeit ausreichend lange darauf zu fokussieren. Und kurz vor dem Büro *erinnern* wir uns dann wieder daran. Wir sind automatisch den Weg gefahren, den wir immer fahren: ins Büro. Die Gewohnheit hat gewonnen. Und genau das passiert montagabends, wenn Sie auf der Couch sitzen bleiben, statt wie eigentlich beabsichtigt ins Fitnessstudio zu gehen.

Alltägliche Willenskonflikte

Natürlich ist das Leben kein Willenskraftexperiment mit Farbwörtern und Ihr wichtigstes Ziel ist es sicher nicht, den Farbwort-Test in Rekordzeit fehlerfrei zu meistern. Doch das Prinzip, das Sie soeben kennengelernt haben, gilt für jede Willenskraftherausforderung in Ihrem Leben. Überlegen Sie einmal, wie häufig Sie Tag für Tag mit Situationen konfrontiert werden, in denen Sie in einem inneren Willenskonflikt stehen. Beispielsweise wenn Sie absichtlich *nicht* den Fernseher einschalten, sondern stattdessen zum Englischbuch greifen wollen, wenn Sie bewusst *nicht* den Aufzug, sondern die Treppe benutzen wollen oder wenn Sie sich vornehmen, beim Einkauf *nicht* zur Schokolade, sondern stattdessen zum Gemüse zu greifen. Jedes Mal befinden wir uns in einem inneren Spannungszustand und müssen uns absichtlich für das anstrengendere Verhalten entscheiden.

Unsere Aufmerksamkeit ist oft durch so viele Gedanken, Gefühle und äußere Reize abgelenkt, dass das, was wir eigentlich machen wollen, aus dem Fokus gerät.

Wenn unsere Aufmerksamkeit abgelenkt ist, geben wir leicht dem Impuls der Anstrengungsvermeidung nach, fahren mit dem Aufzug nach oben, setzen uns vor den Fernseher und essen die soeben gekaufte Schokolade. Nur wenn wir es schaffen, uns zu fokussieren, das heißt unsere Aufmerksamkeit bewusst zu steuern, können wir den Impuls der Anstrengungsvermeidung im Dienste unserer Ziele kontrollieren. Das ist das erste Geheimnis der Willenskraft und weitere zehn Geheimnisse werden folgen.

Wer es schafft, sich zu fokussieren, also seine Aufmerksamkeit bewusst zu steuern, kann seine Impulse besser kontrollieren.

Weniger ist mehr

Wenn Sie mehr von dem erreichen wollen, was Sie sich vornehmen, dann sollten Sie Folgendes beachten: Konzentrieren Sie sich erst einmal nur auf ein wichtiges Ziel. Denn wer sich zu viel auf einmal vornimmt, wird weniger erreichen. Sie glauben das nicht? Dann versuchen Sie einmal das Willenskraftexperiment mit den Farbwörtern durchzuführen, während Sie vor dem Fernseher sitzen und im Hintergrund ein spannender Krimi läuft. Schaffen Sie es, gleichzeitig dem Krimi zu folgen und sich auf die Farben der Wörter zu konzentrieren und diese laut, schnell und richtig zu benennen? Weniger ist oftmals mehr!

Die Couch und der Wille

Wir nehmen uns oft viele Dinge gleichzeitig vor, obwohl wir immer wieder erleben, wie schwer es uns fällt, auch nur eine einzige Willenskraftherausforderung erfolgreich zu meistern. Unsere Vorstellungen von dem, was wir erreichen wollen, kennen dabei kein Limit, wie eine alljährliche Forsa-Umfrage zeigt. Demnach sieht die Top-Ten-Liste der guten Vorsätze zu Silvester bei Millionen von Deutschen gleich aus:

1. Stress vermeiden,
2. mehr Zeit für Familie und Freunde haben,
3. sich mehr bewegen,
4. gesünder essen,
5. abnehmen,
6. sparsamer sein,
7. weniger fernsehen,
8. mehr Zeit für sich selbst haben,
9. weniger Alkohol trinken und
10. das Rauchen aufgeben.

Gute Vorsätze

Das Problem ist jedoch, dass wir nicht alles schaffen, was wir uns vornehmen. Denn unsere Motivation ist viel größer als unsere Willenskraft. Die meisten guten Vorsätze verflüchtigen sich deshalb bereits nach kurzer Zeit – fast so schnell wie die Silvesterraketen am Nachthimmel.

Unsere Motivation, das heißt unsere Bereitschaft, Ziele zu verfolgen, ist viel größer als unser Wille, das heißt die Kraft, unsere Absichten in die Tat umzusetzen.

Abbildung 1: Unsere Motivation ist größer als unser Wille.

Willenskraft ist begrenzt

Unsere Ziele und guten Vorsätze konkurrieren miteinander um die begrenzte Ressource Willenskraft. Das ist das zweite Geheimnis der Willenskraft. Wir müssen uns entscheiden, für welche Ziele wir sie einsetzen. Für alle Ziele reicht die Willenskraft nicht aus. Verteilen wir unseren Willen nach dem Gießkannenprinzip auf zu viele Ziele, ist die Willenskraft für das einzelne Ziel zu schwach. Dann kommen wir nicht ins Handeln und erreichen gar kein Ziel, obwohl wir hoch motiviert waren.

Unsere Willenskraft ist begrenzt. Wir müssen uns entscheiden, für welche Ziele und Vorhaben wir sie einsetzen.

Wer sich beispielsweise vornimmt, ab heute regelmäßig Sport zu treiben, braucht für sein Vorhaben zwar Motivation (Handlungsbereitschaft), aber noch keine Willenskraft (Umsetzungsenergie). Wer in den nächsten Monaten wöchentlich zweimal im Fitnessstudio trainieren will, muss willensstark sein, um anzufangen und dranzubleiben. Und wer gleichzeitig seine Ernährung umstellen, weniger fernsehen, mehr Zeit mit der Familie verbringen und weniger Alkohol trinken will, wird am Ende sehr wahrscheinlich nichts umsetzen, sondern vor dem Fernseher auf der Couch landen. Das nennt man dann Übersprungshandlung. Statt das zu tun, was Sie sich vorgenommen haben, oder das zu tun, was Ihnen außerdem noch erstrebenswert erscheint, machen Sie etwas gänzlich anderes. Der Wille ist für die Umsetzung der einzelnen Ziele zu schwach.

Lesezeichen-Zettel

Welches Ziel haben Sie vor Augen, während Sie dieses Buch lesen? Was haben Sie sich vorgenommen? Vielleicht wollen Sie bis zum Sommer zehn Kilogramm abnehmen oder Sie bereiten sich gerade auf eine wichtige Prüfung vor? Machen Sie sich die Bedeutsamkeit Ihres Ziels bewusst. Was hängt für Sie davon ab? Bestärken Sie sich in Ihrem Willen, mit der Zielverfolgung Ihr Leben zu verbessern. Stellen Sie sich Ihr Leben, Ihre Zufriedenheit beispielsweise in einem Jahr vor, wenn Sie Ihr Ziel erreicht haben. Wie wird es sich anfühlen, wenn Sie es geschafft haben? Was wollen Sie für Ihr Ziel öfter oder intensiver tun oder nicht länger aufschieben? Und was möchten Sie gerne sein lassen oder reduzieren? Notieren Sie einige Stichworte und legen Sie den Zettel mit Ihren Notizen als Lesezeichen in Ihr Willenskraftbuch. Allein damit werden Sie bereits willensklüger handeln, weil Sie sich an Ihr Ziel binden.

Doch selbst wenn wir den Entschluss gefasst haben, etwas zu ändern und uns auf ein Ziel konzentrieren, beispielsweise „*Bis zum Urlaub in drei Monaten will ich zehn Kilogramm abnehmen*“, und wir zudem noch hoch motiviert sind, fällt es uns meist immer noch schwer, etwas an unserem Verhalten zu ändern. Weil der Entschluss zur Veränderung nicht anstrengt, ist er für die meisten Menschen der beste Teil des Veränderungsprozesses.

Der Entschluss zur Veränderung ist für die meisten Menschen der beste Teil des Veränderungsprozesses.

Motivation ist nicht Willenskraft

Das Bemühen um tatsächliche Veränderung ist anstrengend. Daher ist es nicht nur einfacher, sondern auch wesentlich angenehmer, das Selbstversprechen der Veränderung voll auszukosten, ohne sich der Anstrengung der Umsetzung zu unterziehen. Wer diesen Mechanismus begriffen hat, versteht, dass nicht etwa unsere Motivation, sondern unsere Willenskraft zu schwach ist, wenn wir unsere Couch letztlich doch nicht verlassen. Auf der Couch liegen, nachdenken und etwas wollen, das ist Motivation. Von der Couch aufzustehen und es zu tun, das ist Willenskraft. Und hier liegt der Hase im Pfeffer: Motiviert sein strengt nicht an, Willenskraft einsetzen schon.

Motiviert sein strengt nicht an, Willenskraft einsetzen schon.

Da Ihr Gehirn Sie routinemäßig zur Anstrengungsvermeidung und Bedürfnisbefriedigung lenkt, fällt es Ihnen schwer, an die Umsetzung Ihrer Ziele zu gehen, obwohl Sie hoch motiviert sind. So liegen Sie bildlich gesprochen oft auf der Couch, denken nach und wollen etwas. Sie schaffen es aber häufig nicht, von der Couch aufzustehen und es auch wirklich zu tun. Der Impuls zur Anstrengungsvermeidung und zur sofortigen Bedürfnisbefriedigung ist stärker. Das ist zwar menschlich, aber leider oftmals nicht nützlich.

Warum versucht Ihr Gehirn Sie auf den Weg der geringsten Anstrengung und der schnellsten Bedürfnisbefriedigung zu lotsen? Anders wäre besser – oder? Scannen wir einmal unsere neuronalen Netze und schauen einige Millionen Jahre zurück, als unsere Vor-Vorfahren von den Bäumen stiegen und im Lendenschurz durch die Savanne rannten.

Ein tierisches Programm

Die evolutions- und neurobiologische Forschung hat in den vergangenen Jahren viele Erkenntnisse hervorgebracht, die uns helfen, das Phänomen der Willenskraft besser zu verstehen und zu begreifen, warum es uns so schwer fällt, uns anzustrengen und auf etwas zu verzichten. Heute wissen wir, warum Ratschläge wie „*Du musst es doch nur wirklich wollen, dann schaffst du das auch*" zwar gut gemeint, aber falsch sind. Menschen können nicht einfach den Schalter im Kopf umlegen und schon klappt alles ganz einfach. Sobald wir die Wahl haben zwischen einem Verhalten, das uns anstrengt, und einem Verhalten, das uns leichter fällt, versucht unser Gehirn mit möglichst wenig Arbeit ans Ziel zu kommen, weil es Energie sparen will. Jeder, der sich schon einmal überwinden musste, um von der Couch aufzustehen und ins Fitnessstudio zu gehen, kennt das. Den Impuls, auf der Couch sitzen zu bleiben, zu unterdrücken und stattdessen aufzustehen ist harte Arbeit. So wie es harte Arbeit ist, den Impuls zu unterdrücken, das Wort „grün" in schwarzen Buchstaben nicht zu lesen, sondern „schwarz" zu sagen.

Im Zweifel versucht unser Gehirn immer mit möglichst wenig Arbeit ans Ziel zu kommen.

!

Unser biologisches Erbe

Aber wäre es heutzutage nicht viel schlauer, wenn Sie ohne das quälende Gefühl, sich selbst kaum überwinden zu können, einfach sofort alles umsetzen könnten, was Sie sich vornehmen? Wenn es Ihnen leicht fiele, Ihre unmittelbaren Bedürfnisse besser zu kontrollieren? Im 21. Jahrhundert lautet die Antwort vielleicht „Ja“. Wenn wir jedoch einige Millionen Jahre in der Zeit zurückgehen, ist die Antwort eindeutig „Nein“. Denn andernfalls würde es Sie heute gar nicht geben. Die Natur hat bei unseren Vorfahren, so wie bei allen Tieren, ein biologisches Programm eingebaut, das unserer Spezies über Jahrmillionen das Überleben sicherte. Es lautet: „Energie sparen“, indem wir Anstrengung und Risiko vermeiden, und „Lust maximieren“, indem wir unsere Bedürfnisse nach Sex und Nahrung sofort befriedigen.

!

Unser biologisches Überlebensprogramm lautet: „Energie sparen" und „Lust maximieren".

Das Sparsamkeitsprinzip: „Lass das, das ist anstrengend!"

Vor vielen Millionen Jahren war Nahrung knapp, deshalb war Energie kostbar und wurde nur eingesetzt, um zu fressen, um nicht gefressen zu werden und um sich fortzupflanzen. Darüber hinaus wurde Anstrengung und Risiko vermieden. Denn Anstrengung kostet Energie, und Risiko bedeutet Gefahr. Sich unnötig anzustrengen kostet unnötig Energie, die dann nicht mehr zur Verfügung steht, wenn sie zum Überleben wirklich gebraucht wird. Und sich unnötig Risiken auszusetzen kann Leben kosten. Für das energiesparende Hirn ist der Blutzuckerspiegel ein Indikator dafür, wie hoch die Wahrscheinlichkeit ist, dass Sie demnächst verhungern werden, wenn Sie nicht rasch etwas zu essen finden. Spezielle Hirnzellen überwachen beständig die verfügbare Energie. Das Gehirn fragt: Nimmt die verfügbare Energie zu oder ab? Dann trifft es eine strategische Entscheidung, ob Energie verbraucht oder gespart werden soll. Alle Lebewesen funktionieren bis heute nach diesem Sparsamkeits-

prinzip. Es ist dafür verantwortlich, dass Löwen stundenlang in der Sonne liegen, Koalas 20 Stunden am Tag auf Eukalyptusbäumen sitzen und schlafen, Pandas sich kaum zur Fortpflanzung überwinden und Menschen oft nur schwer von der Couch runter kommen.

Das Lustprinzip: „Mach das, das macht Spaß!"

Damit Lebewesen überhaupt die Anstrengung und das Risiko der Paarung und der Nahrungssuche auf sich nehmen, musste sich die Natur etwas einfallen lassen. Dafür hat sich im Gehirn schon früh ein primitives Motivationssystem entwickelt, das alle Lebewesen bis heute zum Handeln antreibt: die Verheißung von Belohnung. Immer, wenn das Motivationssystem durch ein Belohnungsversprechen aktiviert wird, schütten bestimmte Hirnzellen Dopamin aus. Dopamin führt zu einem fast unkontrollierbaren Verlangen: *„Mach das, das macht Spaß!"* Bei unseren Vorfahren wurde das Motivationssystem immer dann aktiviert, wenn sie fett- oder zuckerreiche Nahrung sahen, rochen oder schmeckten oder kleinste sexuelle Reize wahrnahmen. Mit diesem Trick verhindert die Natur seit Jahrmillionen, dass wir verhungern, weil wir uns nicht die Mühe machen, Beeren, Früchte und Wurzeln zu sammeln, und dass wir aussterben, weil es uns zu anstrengend erscheint, einen potenziellen Partner zu verführen. Da im Urwald energiereiche Nahrung rar und sexuelle Gelegenheiten selten waren, war das Handeln nach dem Lustprinzip genauso überlebenswichtig wie das Handeln nach dem Sparsamkeitsprinzip. Doch Sie ahnen es wahrscheinlich schon: Heute ist das ein Problem. Denn im 21. Jahrhundert sind Nahrung und Sex an jeder Ecke und jederzeit zu haben. Aber mehr dazu später.

Das biologische Überlebensprogramm

Das biologische Überlebensprogramm ist bis heute Teil unserer Gehirnausstattung. Immer wenn Sie die Wahl haben zwischen einer Tätigkeit, die Sie anstrengt, beispielsweise für eine Prüfung zu lernen, und einer anderen, die Ihnen leicht fällt und Spaß macht, zum Beispiel fernsehen, will Sie Ihr Gehirn zielstrebig auf die Couch lenken.

! Das biologische Überlebensprogramm – Anstrengung vermeiden und Lust maximieren – ist bis heute Teil der Gehirnausstattung.

Das Kontrollprogramm

Sie wären als Mensch allerdings nicht die Krone der Schöpfung, wenn Sie sich wie andere Tiere in jeder Situation automatisch der Herrschaft Ihrer Impulse hingeben würden – obwohl es uns manchmal paradiesisch erscheint, genau das zu tun. Irgendwann im Laufe der Evolution hat sich ein neuronales Kontrollprogramm entwickelt, das es Ihnen bis heute ermöglicht, die einfachen Wenn-Dann-Verhaltensmuster „Wenn Weibchen/Männchen, dann Sex“ und „Wenn Nahrung, dann fressen“ zu unterbrechen.

Das Willenskraftprinzip: „Impulse kontrollieren lohnt sich!“

Das war vor einigen Millionen Jahren der Fall. In einer feindlichen Umwelt, in der es wenig Nahrung gab und überall Gefahren lauerten, lernten unsere Vorfahren, sich in Gruppen zusammenzuschließen. Der Stammesverbund bot mehr Schutz vor Feinden, mehr Nahrung und mehr Fortpflanzungsmöglichkeiten. Das war ein eindeutiger Überlebensvorteil, nicht nur für den Einzelnen, sondern für die gesamte Gruppe. Doch auf einmal waren ganz neue Fähigkeiten gefragt, um soziale Konflikte und tödliche Auseinandersetzungen in der Gruppe zu vermeiden. Das Leben in der Gemeinschaft erforderte die Zusammenarbeit und das Teilen von Ressourcen. Jetzt mussten unsere Vorfahren gut abwägen, mit wem sie wann Sex hatten, gegen wen sie kämpften und wessen Beute sie aßen. Sie konnten nicht mehr einfach dem spontanen Impuls zur Bedürfnisbefriedigung folgen, ohne Streit zu riskieren. Und wenn es darum ging, Nahrung für die Gruppe zu sammeln oder Beute zu erlegen, mussten sich unsere Vorfahren anstrengen, auch wenn ihnen gerade gar nicht danach zumute war. Das war die Geburtsstunde der Willenskraft. Unsere Vorfahren mussten lernen ihr tierisches Programm und damit ihre Impulse zu kontrollieren.

Unsere Vorfahren mussten lernen in der Gruppe ihre Impulse zu kontrollieren. Das war die Geburtsstunde der Willenskraft.

Erfolg in der Gruppe

Wem das gut gelang, der war ein festes Mitglied der Gruppe und überlebte erfolgreicher als andere. Wem das nicht gelang, der wurde von der Gruppe bestraft oder gar ausgeschlossen – was den sicheren Tod bedeutete. (Das ist übrigens noch heute so. Zwar bedeutet der Ausschluss aus einer Gruppe heutzutage nicht mehr den sicheren Tod, doch denken Sie einmal an Religionsgemeinschaften – wer seine Impulse entsprechend der Verhaltensregeln des jeweiligen „Stammes" kontrollieren kann, bleibt drin, wer nicht, wird ausgeschlossen, was oftmals große seelische Schmerzen verursacht.) Das Gehirn passte sich dieser neuen Realität über viele Millionen Jahre an. Als Gegenspieler des primitiven Lustprinzips „*Mach das, das macht Spaß!*" und unseres Energiesparprinzips „*Lass das, das ist anstrengend*" entwickelte sich ein Impulskontrollsystem, das es uns ermöglicht, uns selbst zu überwinden und uns selbst zu beherrschen.

Je größer die Gruppen wurden, in denen unsere Vorfahren lebten, desto größer wurde die Notwendigkeit der Impulskontrolle, und desto größer wurde der Teil im Gehirn, in dem diese Fähigkeit sitzt. Klopfen Sie sich einmal mit den Fingern auf Ihre Stirn mitten über Ihren Augen. Genau hier sitzt Ihre Willenskraft, im präfrontalen Cortex.

Robin Dunbar, Professor für Evolutionspsychologie an der University of Oxford, hat dazu geforscht und die Hypothese des *sozialen Gehirns* aufgestellt. Diese besagt, dass wir Menschen im Vergleich zu allen nichtmenschlichen Primaten über die größte Anlage zur Willenskraft verfügen, weil wir in den größten und komplexesten Sozialverbänden leben. Nur wir Menschen können den Impuls zur unmittelbaren Bedürfnisbefriedigung langfristig aufschieben und den Impuls zur Anstrengungsvermeidung immer wieder überwinden, um auch größere Herausforderungen zu bewältigen. Selbst die intelligentesten nichtmenschlichen Primaten, die Schimpansen, können nur circa 20 Minuten in die Zukunft schauen und damit auch nur 20 Minuten den Impuls zur sofortigen Bedürfnisbefriedigung kontrollieren. Kein Schimpanse wird jemals Nahrung für schlechte Zeiten zurücklegen, länger als er muss auf Sex verzichten oder sich mehr anstrengen als unbedingt notwendig.

Menschen wollen Ziele erreichen

Seit einigen 10.000 Jahren kann sich der moderne Mensch (homo sapiens) Ziele setzen, die nichts mit dem unmittelbaren Überleben in der Gruppe zu tun haben, und sich dafür anstrengen und in Verzicht üben. Felsmalereien im weltberühmten Dordogne-Tal in Südfrankreich zeugen davon. Hier haben Menschen bereits vor 37.000 Jahren verschiedene Ornamente eingeritzt und Figuren gemalt. Die Entwicklung ging weiter und heute können wir Anstrengungen auf uns nehmen und Bedürfnisse aufschieben wie kein anderes Tier auf diesem Planeten. Beispielsweise können wir jahrelang für ein Medizinstudium büffeln oder ein Musikinstrument bis zur Perfektion erlernen, jeden Morgen eine Stunde joggen gehen oder alle 14 Achttausender im Himalaya besteigen. Wir können bis über die Grenzen der eigenen körperlichen Belastbarkeit gehen, um ein selbst gestecktes Ziel zu erreichen – wenn wir das wollen.

Heute ist der Wunsch, Ziele zu erreichen und uns selbst zu verwirklichen, stark in uns. Wir leben in einer „Alles-ist-möglich-Gesellschaft“ und wollen Erfolg auf ganzer Linie: Karriere und Familienglück, finanzielle Sicherheit und Träume verwirklichen, Gesundheit und Erfüllung. Auf dem Weg zu unseren Zielen werden wir jedoch immer wieder durch Verlockungen und Anstrengungen gebremst, die auf unser tierisches Programm „Energie sparen“ und „Lust maximieren“ treffen.

Die Bremse lösen

Durch einen klugen Umgang mit Ihrer Willenskraft können Sie die Bremse lösen – die höchsten Gipfel erklimmen und den süßesten Versuchungen widerstehen. Die psychologische Forschung hält viele spannende Erkenntnisse bereit, die Ihnen zeigen, wie Ihnen das leichter gelingt. Und alles fängt mit einem persönlichen Ziel an. Schauen Sie jetzt noch einmal auf Ihren *Lesezeichen-Zettel*. Steht da ein für Sie persönlich wichtiges Ziel?

Was wollen Sie erreichen?

Wenn du ein glückliches Leben willst,
verbinde es mit einem Ziel.

ALBERT EINSTEIN

Menschliches Verhalten richtet sich immer auf ein Ziel. Sie können gar nicht anders als sich zielgerichtet verhalten. Vielleicht sind Ihnen Ihre Ziele nicht immer bewusst. Vielleicht definieren Sie Ihre Ziele nicht selbst, sondern entsprechen damit eher den Erwartungen anderer. Oder vielleicht überlassen Sie es auch lieber dem Zufall, über die Ziele Ihres Verhaltens zu entscheiden. Wenn Sie Ihre Willenskraft klug nutzen und erfolgreich sein wollen, ist es jedoch unumgänglich, sich über Ihre Ziele bewusst zu werden. Da Sie ein Teil Ihres biologischen Programms auf den Weg der schnellen Bedürfnisbefriedigung lotsen will, ist es sinnvoll zu schauen, inwieweit Ihre Ziele und generell alles, was Sie sich vornehmen, etwas mit Ihren Bedürfnissen zu tun haben.

Bedürfnisse In der Psychologie unterscheidet man zwischen biologischen und sozialen Bedürfnissen (Motive). Die biologischen Bedürfnisse sichern unser Überleben. Sie sind uns bereits in die Wiege gelegt und entsprechen unserem biologischen Programm: „fressen", „nicht gefressen werden" und „sich fortpflanzen". Die schnelle Befriedigung dieser Bedürfnisse steht uns häufig bei der Umsetzung unserer guten Vorsätze und längerfristigen Ziele im Wege – wie wir noch sehen werden. Die sozialen Bedürfnisse, die Suche nach Anschluss, der Wille zur Macht und die Freude an Leistung, bilden sich schon aus, bevor Sie sprechen lernen. Bis ungefähr zum siebten Lebensjahr entwickeln sich unsere Bedürfnismuster. Danach verändern sie sich kaum mehr. Deshalb können wir unsere Bedürfnisse auch nicht bewusst steuern. Und deshalb ist es so wichtig, Ziele zu wählen, die zu unseren Bedürfnissen passen.

Die Quellen unserer Bedürfnisse

Biologische Bedürfnisse	Soziale Bedürfnisse		
Existenzbedürfnis	**Anschlussbedürfnis**	**Machtbedürfnis**	**Leistungsbedürfnis**
Stillen von:	Streben nach:	Streben nach:	Streben nach:
■ Hunger	■ Geborgenheit	■ Einfluss	■ Erfolg
■ Durst	■ Freundschaft	■ Kontrolle	■ Anerkennung
■ Schlaf	■ Familie	■ Dominanz	■ Entfaltung
■ Sexualität	■ Partnerschaft	■ Status	■ Erfüllung
■ Wärme	■ Nähe/Intimität	■ Geld	■ Selbstverwirklichung

Motivsuche

Gehen Sie einmal auf Motivsuche. Wie stark sind die einzelnen sozialen Bedürfnisse, das *Anschlussbedürfnis*, das *Machtbedürfnis* und das *Leistungsbedürfnis* in Ihnen ausgeprägt? Fragen Sie auch Ihre engen Freunde, wie diese Sie einschätzen.

Stimmt Ihr Ziel nicht mit Ihren innersten Bedürfnissen überein, ist Frust die Folge. Unglücklich wird zum Beispiel, wer aus einem starken Leistungswillen heraus zum Manager aufsteigen will – aber tief im Innern eigentlich keine Macht ausüben möchte. Ziele, die nicht zu Ihren Bedürfnissen passen, bremsen Ihre Willenskraft. Denn der unbewusste Wunsch, die verborgenen sozialen Bedürfnisse zu befriedigen, blockiert uns in unserem Zielhandeln. Wir können uns nicht einfach dazu entscheiden, ab morgen ein stärkeres Machtbedürfnis zu entwickeln. Aber wir können uns dafür entscheiden, ein anderes Ziel zu wählen.

Auf unsere verborgenen Bedürfnisse haben wir keinen Einfluss. Deshalb sollten wir Ziele wählen, die zu unseren Bedürfnissen passen.

Gefühle als Wegweiser

Es gibt eine untrügliche Spur, der Sie folgen können, um herauszufinden, welche Ziele zu Ihren Bedürfnissen passen: Achten Sie auf Ihre Gefühle. Wenn Sie sich ein Ziel setzen und Ihr Verhalten darauf ausrichten, um das gesetzte Ziel zu erreichen, fühlen Sie sich damit erfahrungsgemäß mehr oder weniger wohl. Ihre Tagesform mag zwar schwanken, doch über einen längeren Zeitraum hinweg entwickeln Sie ein generell eher gutes oder weniger gutes Gefühl Ihrem Ziel gegenüber. Wenn Sie sich dauerhaft gut damit fühlen, Ihr Ziel zu verfolgen, und es Ihnen leicht fällt, etwas dafür zu tun und andere Dinge dafür zu lassen, ist das ein verlässliches Zeichen für eine hohe Zielbindung. Das heißt, Ihre Ziele stehen im Einklang mit Ihren unbewussten Bedürfnissen. Nur dann kann Ihre Willenskraft Vollgas geben. Für die großen Ziele in Ihrem Leben kommt deshalb nur ein Weg in Frage: Ihr eigener! Ihre Sehnsüchte, Ihre Leidenschaften und Ihre Begeisterung sind die Leuchtfeuer, die Ihnen den Weg zu einem glücklichen und zufriedenen Leben weisen. Achten Sie darauf, dass Ihre Ziele etwas mit Ihnen selbst zu tun haben.

Menschen sind beeinflussbar

Natürlich sind Sie nicht allein auf der Welt. Ihre persönlichen Ziele sind von vielen Faktoren abhängig: von Ihrem sozialen Umfeld, Ihrem kulturellen Hintergrund, Ihren Lebensumständen, von Ihrem Alter und vielem mehr. Eine Arzttochter entwickelt oft andere Vorstellungen vom Leben als ein Arbeiterkind.

!

Ziele sind vom sozialen Umfeld, dem kulturellen Hintergrund, den Lebensumständen, vom Alter und vielem mehr abhängig.

Unsere Vorstellungen darüber, was wir erreichen wollen, sind stark beeinflussbar. In Kindertagen erfüllen wir oft die Erwartungen unserer Eltern und Lehrer. Werden wir älter, sind es unsere Chefs und Kollegen, die Nachbarn und die Medienstars, denen wir nacheifern oder deren Erwartungen wir erfüllen. Wenn wir nicht achtsam mit uns selbst umgehen, verfolgen wir schnell Ziele, die kaum noch etwas mit unseren eigenen Prioritäten, unseren Sehnsüchten und Leidenschaften zu tun haben, sondern eher den Ambitionen anderer Personen in unserem Umfeld entsprechen. Beispielsweise lernen wir Geige, obwohl wir viel lieber Fußball spielen wollen, schlagen eine Führungskarriere ein, obwohl wir doch lieber Forscher geworden wären, oder wollen als etwas Besonderes wahrgenommen werden, was uns gar nicht entspricht. Und die Willenskraft, die wir dafür verschwenden, etwas darzustellen, das wir nicht sind, fehlt uns dann, wenn es darum geht, das zu sein und das zu tun, was uns tief im Innern erfüllt.

In der Zwickmühle

Wenn wir die Ziele anderer verfolgen, stecken dahinter oftmals widerstreitende Bedürfnisse in uns selbst. Sie kennen das. Die Zwickmühlen, aus denen es schier keinen Ausweg zu geben scheint. Sie wollen beispielsweise Erfolg, Ihr Leistungsbedürfnis ist stark ausgeprägt. Gleichzeitig meldet sich aber Ihr Anschlussbedürfnis zu Wort, Sie wollen eben auch Geborgenheit in der Familie. Nun stehen Sie im Beruf vielleicht vor der Zielentscheidung „*herausfordernde neue Stelle annehmen und dafür mehr Zeit im Büro verbringen*" oder „*Stelle ablehnen und dafür mehr Zeit mit der Familie verbringen*". Oder der Klassiker: Sie essen das zweite Stück Sahnetorte von Mutter, obwohl Sie gerade eine Diät machen, um zehn Kilogramm bis zum Urlaub abzunehmen. In dieser Zwickmühle gibt es keine beste Lösung und es gibt keinen einfachen Ausweg. Ihr verborgenes Bedürfnis nach Zuneigung und Ihr Ziel, schlank zu werden, kämpfen miteinander. Die Entscheidung für das eine und gegen das andere zu treffen ist Schwerstarbeit. Sobald Sie weniger und weniger häufig essen, laufen Sie Gefahr, dass Ihr soziales Umfeld Ihnen Zuneigung entzieht beziehungsweise dass sich dies für Sie so anfühlt. Es verlangt große Willenskraft, um Reaktionen aus dem Umfeld auszuhalten, wie beispielsweise „*Schmeckt Dir mein Kuchen nicht mehr?*".

Zwickmühlen lösen

Wie kommen Sie aus so einer Zwickmühle heraus? Eine mögliche Lösung einer Zwickmühle ist ein *Sowohl-als-auch-Denken*. Denn wer beispielsweise Zuneigung braucht, um sich gut zu fühlen, und abnehmen will, um sich fit zu fühlen, wird mit einem Entweder-oder-Denken an seine Grenzen stoßen: „*Entweder ich nehme ab oder ich bekomme Zuneigung*" – da steigt der Wille aus. Ein Sowohl-als-auch-Denken führt weiter. „*Ich will sowohl abnehmen als auch Zuneigung*" – hier hat der Wille eine Chance, eine Lösung zu finden. Sobald bei Zwickmühlen andere Menschen mit im Spiel sind, sollten Sie Ihr Sowohl-als-auch-Denken offen mitteilen. Suchen Sie das Gespräch mit Ihren Freunden und der Familie, und besprechen Sie offen, dass Sie sowohl abnehmen wollen als auch die Nähe und Zuneigung Ihres Umfelds brauchen. Dadurch werden Sie sofort eine entlastende Wirkung spüren. Allein damit steigt die Wahrscheinlichkeit, dass Sie in kleinen Schritten auf Ihr Ziel zugehen können und Ihre Willenskraft nicht überfordern.

Ziele überprüfen

Überprüfen Sie Ihre Ziele. Überlegen Sie, welche Ziele Sie aktuell verfolgen – in der Arbeit, in der Familie und in der Freizeit. Und jetzt überlegen Sie einmal, welche dieser Ziele Ihre eigenen Ziele sind und welche Ziele durch die Erwartungen, die andere an Sie haben, entstanden sind. Sie erkennen fremde Ziele ganz gut an Formulierungen in Ihrem inneren Dialog wie *„Ich sollte ..."* oder *„Ich müsste ..."*. Welche Ihrer Ziele passen gut zu Ihrer Bedürfnisstruktur und welche nicht? Wie fühlen Sie sich mit den jeweiligen Zielen?

Äußere Hindernisse auf dem Weg zum Ziel

Wenn es Ihnen gelingt, sich für ein Ziel zu entscheiden, das etwas mit Ihren Bedürfnissen zu tun hat, ist das ein guter Anfang. Sobald Sie sich auf den Weg machen, werden Sie jedoch auch bei diesem Ziel bemerken, dass „die Götter vor den Erfolg den Schweiß gesetzt haben". Sie sind mit Ihrer ganzen Willenskraft gefordert, um die Anstrengungen auf dem Weg zum Gipfel auf sich zu nehmen und den Verlockungen links und rechts am Wegesrand zu widerstehen. Ihr tierisches Programm „Energie sparen" und „Lust maximieren" macht Ihnen das nicht gerade einfach. Denn Ihr energiesparendes und lustorientiertes Gehirn lässt sich von Belohnungsversprechen jeglicher Art gerne auf den Weg der geringsten Anstrengung lotsen – und der führt in den seltensten Fällen zum Ziel.

Die Logik unseres Körpers

In der Praxis sieht das dann so aus: Sie liegen auf der Couch, denken nach und wollen bis zum Sommerurlaub zehn Kilogramm abnehmen. Das ist ein wunderbarer Gedanke, der sich genau so lange gut anfühlt, bis Sie im Fernsehen die Werbung für ein leckeres Schokoladendessert sehen. Ihr Gehirn wird dadurch vorübergehend von der Aussicht auf Belohnung dirigiert. Beim Anblick des Schokodesserts wird der Neurotransmitter Dopamin ausgeschüttet und der stimuliert Ihr Motivationssystem. Ihr Gehirn sagt Ihnen: „*Ich muss Schokolade haben.*“ Währenddessen fällt Ihr Blutzuckerspiegel ab. Denn sobald sich Ihr Gehirn auf den ersten köstlichen Bissen Schokolade freut, gibt es eine Substanz ab, die Ihrem Körper signalisiert, alle in der Blutbahn verfügbare Energie aufzunehmen. Die Logik des Körpers lautet: Schokolade ist reich an Fett und Zucker und wird einen starken Blutzuckeranstieg bewirken. Damit kein gefährlicher Zuckerschock eintritt, muss der Blutzuckerspiegel gesenkt werden. Dieser vorauseilende Abfall des Blutzuckerspiegels lässt Sie ein wenig zittrig werden und Ihr Verlangen nach Schokolade steigt. Bevor Sie sich umschauen, stehen Sie schon am Kühlschrank und essen etwas. Alles in Ihnen sagt: „*Iss nicht, du willst abnehmen!*“, und Ihre Hand steckt Ihnen währenddessen ein Stück Schokolade in den Mund. Gegen diese unbewusste, willkürliche Wucht kämpfen Sie mit Ihrem bewussten Willen an. Da ist es in einem ersten Schritt gut, zu akzeptieren und es auszuhalten, dass das nicht einfach ist.

Machen Sie sich bewusst, dass es nicht einfach ist, gegen die Logik des Körpers zu handeln.

Wenn unser Motivationssystem erst einmal durch die zahllosen Belohnungsversprechen unserer Zeit abgelenkt ist und anfängt, Dopamin zu produzieren, gibt es kein Halten mehr. Dann wollen wir der Verlockung nachgehen – und zwar sofort! Haben Sie schon einmal etwas über den Belohnungsaufschub gehört? Nein? Dann kennen Sie den Schlüssel zum Erfolg noch nicht, der es Ihnen ermöglichen wird, den Teufelskreis der Belohnungsversprechen zu durchbrechen und mehr von dem zu erreichen, was Sie sich vornehmen.

Der Schlüssel zum Erfolg

Kurzfristigen Verlockungen widerstehen zu können ist das Geheimnis des Erfolgs – ja sogar *das* Erfolgsrezept der Zivilisation. Bereits die ersten Bauern mussten viel Willenskraft aufbringen, um ihr Saatgut auszubringen und es nicht an Ort und Stelle aufzuessen. Mithilfe Ihrer Willenskraft können Sie den inneren Willenskonflikt zwischen einer sofortigen Bedürfnisbefriedigung und einer späteren Belohnung lösen. Jeder von uns kennt diesen inneren Konflikt, der immer dann auftritt, wenn wir versuchen, uns auf eine längerfristige Aufgabe zu konzentrieren und dabei anderen Verlockungen zu widerstehen. Gelingt uns das nicht, kann es passieren, dass unsere Gedanken beispielsweise von der Steuererklärung abschweifen, weil wir nach unseren E-Mails sehen wollen.

! Willenskraft ist der Schlüssel, um den inneren Konflikt zwischen einer sofortigen Bedürfnisbefriedigung und einer späteren Belohnung zu lösen.

Kleine Kinder lernen vom dritten Lebensjahr an sich absichtlich zu konzentrieren, Ablenkungen zu ignorieren und Impulse zu unterdrücken. Aus diesem zarten Pflänzchen der emotionalen Selbstbeherrschung kann eine baumstarke Willenskraft erwachsen. Welche Einflussmöglichkeiten Eltern auf die Entwicklung der Willenskraft ihrer Kinder haben, beschreibe ich im vierten Kapitel *Das Willenskraftumfeld*.

Willenskraftexperiment: Der Marshmallow-Test

Aus jahrzehntelanger Forschung wissen wir heute, dass die Willenskraft wie kein anderer Faktor über den Verlauf unseres Lebens bestimmt. Eine der ersten Untersuchungen dazu führte der Psychologe Walter Mischel Ende der 1960er-Jahre an der Stanford University in den USA durch. Mischel ging der Frage nach, wie Kinder lernen, die Befriedigung eines Bedürfnisses aufzuschieben. Sein Marshmallow-Test wurde weltberühmt. Mischel stellte vierjährige Kinder vor die Wahl, sofort ein Marshmallow zu essen oder 15 Minuten zu warten und dann zwei Marshmallows zu bekommen. Nachdem er die Wahlmöglichkeit erläutert hatte, verließ er den Raum, in dem sich jetzt nur noch ein Kind auf einem Stuhl und ein Marshmallow auf einem Tisch befanden. Unter diesen Bedingungen war Selbstbeherrschung für die vierjährigen Kinder eine große Leistung. Rund ein Drittel der Kinder griff sofort nach dem Marshmallow. Ein weiteres Drittel aß den Marshmallow vor Ablauf der Zeit ebenfalls. Ungefähr ein Drittel wartete endlose 15 Minuten, bis es mit zwei Süßigkeiten belohnt wurde.

Was Kinder können, können Sie auch – oder? Wie lange schaffen Sie es? Machen Sie den Selbsttest. Wenn Sie morgen Abend nach Hause kommen und hungrig sind, dann stellen Sie sich einen Teller mit etwas Leckerem auf den Tisch: ein Stück Schokolade, ein Wurstbrot, eine Banane oder was auch immer Sie gerne essen. Stellen Sie eine Uhr neben die Verlockung und dann setzen Sie sich direkt davor, ohne Smartphone, ohne Fernseher, ohne Musik, ohne Illustrierte – einfach ohne alles. Beobachten Sie sich selbst. Wie schwer fällt es Ihnen, 15 Minuten lang zu warten, bevor Sie herzhaft zubeißen?

Selbstbeherrschung durch Aufmerksamkeitssteuerung

Spannend war die Frage, wie die vierjährigen Kinder der Versuchung widerstanden. Mischel beobachtete zwei Strategien: Die Kinder, die den Marshmallow im Laufe der 15 Minuten aßen, starrten ihn zunächst an und stellten sich vor, wie er schmecken würde. Sie konzentrierten sich also auf die Belohnung. Die Kinder, die durchhielten, lenkten sich dagegen mit anderen Tätigkeiten ab. Sie schauten die Belohnung nicht an, bedeckten Ihre Augen, fingen an zu singen oder setzten sich in eine Ecke des Raumes und spielten Fantasiespiele. Mischel nannte die Erfolgsstrategie „die strategische Ausrichtung der Aufmerksamkeit". Sie beinhaltet drei Aufmerksamkeitsleistungen:

1. die Fähigkeit, seine Konzentration willentlich von einem Objekt der Begierde abzuwenden,
2. die Fähigkeit, seine Konzentration willentlich auf etwas anderes zu lenken und sich durch die Verlockung nicht mehr ablenken zu lassen und
3. die Fähigkeit, die Konzentration auf ein zukünftiges Ziel zu richten – in der Untersuchung auf zwei Marshmallows nach 15 Minuten.

Diese drei Aufmerksamkeitsleistungen bündeln sich zu einer zentralen Fähigkeit der Willenskraft: die Fähigkeit, seine Aufmerksamkeit bewusst zu steuern.

! Die strategische Ausrichtung der Aufmerksamkeit hilft uns, Verlockungen leichter zu widerstehen.

Erst viele Jahre später entdeckte Mischel durch Zufall einen faszinierenden Zusammenhang, der seinen Marshmallow-Test weltberühmt machte: Mischels Töchter besuchten die gleiche Schule wie einige der Kinder, die an seiner Untersuchung teilgenommen hatten. Dadurch erfuhr er, dass die Kinder, die damals in der Lage gewesen waren, auf das zweite Marshmallow zu warten, nun weniger Probleme in der Schule hatten. Das wollte

Mischel genauer wissen. Um herauszufinden, ob sich dahinter vielleicht ein Muster verbarg, untersuchte er hundert der ehemaligen Testteilnehmer. Das faszinierende Ergebnis: Wie lange ein vierjähriges Kind Jahre zuvor im Marshmallow-Test hatte warten können, sagte mit hoher Treffsicherheit etwas über den späteren schulischen und sozialen Erfolg des Kindes aus.

Erfolgsindikator Selbstbeherrschung

Mischel konnte belegen, dass die Kinder, die 15 Minuten auf den zweiten Marshmallow gewartet hatten, später beliebter bei ihren Klassenkameraden und Lehrern waren, bessere Noten erzielten und besser mit Stress umgehen konnten. Sie hatten weniger Drogenprobleme und seltener Übergewicht. 40 Jahre nach der Testdurchführung machten andere Forscher einige der damaligen Vorschulkinder, die an dem Marshmallow-Test teilgenommen hatten, ausfindig und befragten sie erneut. Diejenigen von ihnen, die seinerzeit der Versuchung widerstanden hatten, waren akademisch erfolgreicher, bekleideten die höheren Positionen im Beruf, verdienten mehr Geld, hatten die stabileren Partnerschaften, ein geringeres Suchtrisiko, waren seltener krank und wurden weniger oft straffällig. Kurzum: Die Fähigkeit eines Kindes, sich selbst zu beherrschen und die Befriedigung eines Bedürfnisses aufzuschieben, ist ein verlässlicher Indikator für einen erfolgreichen Lebensverlauf.

Die Fähigkeit, sich selbst zu beherrschen und die Befriedigung eines Bedürfnisses aufzuschieben, trägt maßgeblich zum Erfolg in fast allen Lebensbereichen bei.

Viele weitere Forschungsergebnisse bestätigen heute dieses Phänomen eindeutig. Beispielsweise wurde in einem Experiment amerikanischen Achtklässlern ein Dollar sofort oder zwei Dollar in einer Woche angeboten. Wie die Ergebnisse zeigten, hängt dieses einfache Maß für die Selbstbeherrschung enger mit dem Notendurchschnitt zusammen als der Intelligenzquotient. Wer warten konnte, hatte auch die besseren Noten.

In vielen Situationen greifen wir allerdings nach der sofortigen Bedürfnisbefriedigung und warten nicht auf die spätere größere Belohnung. Oder wir vermeiden eine Anstrengung und verhindern so einen späteren Erfolg.

Sofortige Bedürfnisbefriedigung und Anstrengungsvermeidung

Erleben	jetzt Lust	später Unlust
	Schokolade essen	übergewichtig sein
	faul sein	nicht fit sein
	Powershoppen	pleite sein
Verhalten	Internetsurfen	keine Zeit für Familie
	Nachtfilm schauen	unausgeschlafen sein
	nicht lernen	kein Masterabschluss
	Musikinstrument nicht üben	kein Musikinstrument spielen

Belohnungsaufschub

Aber warum machen wir das? Eigentlich wollen wir doch alle ein erfolgreiches Leben führen. Wir verhalten uns dennoch oft kontraproduktiv, weil das unserem tierischen Programm entspricht und weil unsere Konzentration heute mehr denn je gegen Ablenkungen und Verlockungen ankämpfen muss. Darauf werden wir im Kapitel *Die Willenskrafterschöpfung* noch genauer eingehen. In der Psychologie bezeichnet man die Fähigkeit, auf eine unmittelbare Belohnung in Form einer Bedürfnisbefriedigung zugunsten einer Belohnung in der Zukunft zu verzichten, als Belohnungsaufschub. Wir müssen *jetzt* etwas tun, das uns anstrengt, oder etwas lassen, das uns gerade Spaß machen würde, um in der *Zukunft* ein Ziel zu erreichen. Erfolgreiche Menschen schaffen das länger als andere. Jeder, der ein Musikinstrument zu spielen oder eine Fremdsprache zu sprechen gelernt hat oder ein Studium absolviert hat, kennt diesen Belohnungsaufschub.

Belohnungsaufschub aushalten		
Erleben	**jetzt Unlust**	**später Lust**
	keine Schokolade	schlank sein
	Sport treiben	fit sein
	sparsam einkaufen	Geldreserven
Verhalten	wenig Internetsurfen	Zeit für Familie
	keinen Nachtfilm schauen	ausgeschlafen sein
	lernen	Masterabschluss schaffen
	Musikinstrument üben	Musikinstrument beherrschen

Das Geheimnis der „Wunderkinder"

Am Anfang kann man noch gar nichts, und Üben beziehungsweise Studieren strengt an. Die Belohnung in Form von „*Ich beherrsche das Musikinstrument*", „*Ich spreche die Fremdsprache fließend*" oder „*Ich habe einen Masterabschluss*" liegt in weiter Ferne. Besonders gut können Sie die Fähigkeit zum Belohnungsaufschub bei sehr erfolgreichen Menschen wie zum Beispiel bei David beobachten.

David Bongartz wird am 4. September 1980 in Aachen geboren. Im Alter von drei Jahren bekommt er seine erste Violine. Sein Vater bringt ihm die grundlegenden Techniken bei. Mit fünf Jahren erhält er professionellen Unterricht und gewinnt kurz darauf im Wettbewerb „Jugend musiziert" mit einer Beethoven-Romanze den ersten Preis. Im Alter von zehn Jahren hat David seinen ersten größeren öffentlichen Auftritt. Der Name Bongartz klingt nicht international genug und so beschließen seine Eltern, David unter dem Mädchennamen seiner Mutter auftreten zu lassen. Das wichtigste Plattenlabel der Klassik, die „Deutsche Grammophon", bietet ihm einen Exklusivvertrag an, da ist er gerade 13 Jahre alt. Fortan spielt er mit Weltstars wie Claudio Abbado und Yehudi Menuhin, der ihn als den größten Violinisten seiner Generation bezeichnet. David, den wir als

David Garrett kennen, ist zum damaligen Zeitpunkt 20 Jahre alt und ein Weltstar.

Ist David Garrett ein Wunderkind? Wir denken das gern, weil wir nur seinen heutigen Erfolg sehen. Aber David Garrett spielt seit seinem dritten Lebensjahr Geige. Bis zu seinem Weltruhm mit 20 macht das also 17 Jahre Übung. Er selbst sagt im Interview mit der ZEIT: „*Ich habe acht Stunden am Tag geübt. Das ist kein Wunder. Das ist harte Arbeit.*"[1]

„Wunderkinder"

Wir erzählen uns gerne Geschichten von Wunderkindern, die es scheinbar mühelos geschafft haben, erfolgreich zu werden, weil das unserem tierischen Programm und unserem innersten Wunsch entspricht: Wir wollen mit möglichst wenig Anstrengung und wenig Verzicht möglichst viel erreichen. Was wir aber übersehen, ist der Weg zum Erfolg, den alle „Wunderkinder" gegangen sind.

Spitzenleistung

Der Psychologe K. Anders Ericsson von der Florida State University in den USA forscht seit vielen Jahren zum Thema Spitzenleistung und Talent. Er lieferte bereits Anfang der Neunzigerjahre erste Beweisstücke dafür, dass es keine Wunderkinder gibt, sondern dass Erfolg etwas mit *Üben* zu tun hat. Ericsson führte seinerzeit mit Kollegen vom Max-Planck-Institut für Bildungsforschung an der Berliner Hochschule der Künste Untersuchungen zu Spitzenleistungen bei Violinisten durch und fand Erstaunliches heraus. Er teilte die Violinisten der Hochschule in drei Gruppen ein. In der ersten Gruppe waren die Studenten, die das Format zu Weltklassesolisten hatten, in der zweiten Gruppe waren die guten Violinisten, die das Zeug dazu hatten, in Konzertorchestern zu spielen, und in der dritten Gruppe die Studenten, die vermutlich nie als professionelle Konzertmusiker auftreten würden. Dann stellten Ericsson und seine Kollegen allen Studenten die gleiche Frage: „*Wie*

1 Carolin Pirich: Auf beiden Saiten. In: Die Zeit, Nr. 6, 31. Januar 2013. Hier S. 3 der Onlineausgabe vom 9. Februar 2013, abgerufen am 16. Dezember 2014.

viele Stunden haben Sie insgesamt geübt – von dem Tag, an dem Sie das erste Mal eine Geige in die Hand genommen haben, bis heute?"

Die Musikstudenten aller drei Gruppen hatten in etwa im gleichen Alter von fünf Jahren mit dem Geigenspiel begonnen. In den ersten Jahren übten alle mehr oder weniger gleich viel, nämlich zwei bis drei Stunden pro Woche. Aber im Alter von acht Jahren zeichneten sich die ersten Unterschiede ab. Diejenigen, die später das Zeug zur Weltklasse haben sollten, begannen intensiver zu üben als die anderen. Im Alter von 20 Jahren hatten diese Spitzenmusiker insgesamt rund 10.000 Stunden geübt. Im Unterschied dazu kamen die guten Violinisten nur auf etwa 8000 Stunden Spielpraxis und die Studenten der dritten Gruppe lediglich auf knapp 4000 Stunden.

Die magische Zahl 10.000

Ericsson und seine Kollegen verglichen daraufhin die Übungspraxis von Amateur- und Profipianisten und fanden dasselbe Muster: Profis übten mehr und kamen im Alter von 20 Jahren auf etwa 10.000 Stunden konzentrierte Spielpraxis. Amateure hingegen übten bis zum 20. Lebensjahr nur rund 2000 Stunden. Das Erstaunliche ist, dass Ericsson bei all seinen Untersuchungen keine Wunderkinder oder Naturtalente fand, die mit weniger Übungsdauer mühelos in die Weltspitze vorgestoßen sind.

Seither wurden zahlreiche weitere Untersuchungen durchgeführt. Wissenschaftler zerlegten die Gehirne längst verstorbener Genies wie das von Albert Einstein und scannten im Kernspintomographen die neuronalen Hirnmuster von Musikern und Schachgroßmeistern. Sie analysierten das Blutbild und die Lungenfunktion von Ausnahmesportlern und studierten die Biografien erfolgreicher Unternehmer wie Richard Branson und Bill Gates. Psychologen, Soziologen und Mediziner fanden in ihren Untersuchungen das immer gleiche Muster für herausragenden Erfolg. Um Schachgroßmeister zu werden, muss man keinen besonders hohen IQ haben, um als Spitzensportler Erfolg zu haben, ist kein besonderes Erbgutprofil nötig, und um als Musiker in die Weltspitze aufzusteigen, braucht es keine besondere Herkunft. Der einzige Unterschied, der zwischen Erfolg und Misserfolg liegt, ist die Anzahl der Stunden, die man damit verbringt, sich konzentriert mit dem zu beschäftigen, worin man erfolgreich werden will. Bis heute gibt es keinen überzeugenden Beweis dafür, dass besondere Fähigkeiten angeboren sind. Das Rezept für herausragenden Erfolg lautet: Tausende Stunden Übung – und die magische Zahl heißt 10.000. Dafür braucht es Willenskraft, kein Talent.

Herausragend erfolgreiche Menschen sind nicht etwa besonders talentiert, sondern arbeiten viel mehr als andere.

Wahrscheinlich wollen Sie kein Schachgroßmeister, Spitzensportler oder Weltstar an der Geige werden. Die Forschungsergebnisse von Ericsson können Ihnen aber trotzdem Mut machen. Denn gleichgültig, welches Ziel Sie sich setzen – Sie können viel mehr erreichen, als Sie glauben. Jeder von uns hat die Chance, sehr erfolgreich zu werden, wenn er sich ein für sich persönlich wichtiges Ziel setzt und die Willenskraft aufbringt, kurzfristigen Verlockungen zu widerstehen und langfristige Anstrengungen in Kauf zu nehmen.

Abbildung 2: Die Formel für den Erfolg

Der schnelle Weg vom Tellerwäscher zum Millionär ist nur ein Mythos, der gerne anhand von Frauen und Männern illustriert wird, die bereits Millionäre sind: *„Ich mache das, was ich liebe – und der Erfolg und das Geld kommen von selbst.“* Hier fehlt der Mittelteil! Alle herausragend erfolgreichen Menschen machen das, was sie lieben [illegible] Mittelteil: Sie alle arbeiten hart, sehr hart, sind zielstrebig, hartnäckig, halten viele Jahre lang Entbehrungen aus, überstehen Rückschläge und arbeiten noch ein wenig härter – und dann, eines Tages, kommen der Erfolg und das Geld.

Vom Tellerwäscher zum Millionär

In den Biografien herausragend erfolgreicher Menschen lässt sich dieses Muster immer wieder entdecken. Beispielsweises bei Thomas Alva Edison, dem US-amerikanischen Erfinder der Glühbirne. Er tüftelte lange Jahre und unternahm tausende von Anläufen, bevor er im 5000. Experiment das elektrische Licht erfand. Edison sagte: *„Die 4999 Experimente davor gehören zum Weg. Sie waren nötig, damit beim 5000. Mal das elektrische Licht erstrahlte. Erfolg ist 10 Prozent Inspiration und 90 Prozent Transpiration.“* Die meisten Menschen in seiner Situation hätten ihre Idee begraben und aufgegeben. Edison aber machte weiter. Wir können von Menschen wie Edison oder David Garrett Folgendes lernen: Über Erfolg oder Misserfolg entscheidet die Willenskraft, mit der wir unsere Absichten in die Tat umsetzen – das gilt für fast jeden Lebensbereich.

! Über Erfolg oder Misserfolg entscheidet die Willenskraft.

Schauen Sie jetzt noch einmal auf Ihren *Lesezeichen-Zettel* und rufen Sie sich Ihr für Sie persönlich wichtiges Ziel vor Augen. Und jetzt prüfen Sie einmal, wie klug Sie bereits mit Ihrer Willenskraft umgehen.

Die Entfaltung der Willenskraft

Die gute Nachricht lautet: Jeder von uns hat die Anlage zur Willenskraft und jeder von uns kann Einfluss darauf nehmen, wie klug er seine Willenskraft nutzt.

Jeder hat Willenskraft

Anders als bei der Intelligenz, die als festes Persönlichkeitsmerkmal nach der Kindheit kaum noch zu steigern ist, können wir den Umgang mit unserer Willenskraft ein Leben lang deutlich verbessern. Willenskraft als Ganzes ist allerdings schwer fassbar. Es ist jedoch möglich, sie in einzelne Fähigkeiten zu zerlegen, die wir im Verhalten beobachten und dadurch beschreiben, üben und klug einsetzen können. Aus der persönlichkeitspsychologischen Forschung wissen wir, dass willensstarke Menschen die folgenden sechs Fähigkeiten in sich vereinen:

1. die Fähigkeit, ihre Aufmerksamkeit bewusst zu steuern (Fokussierung),
2. die Fähigkeit, sich selbst zu überwinden (Selbstüberwindung),
3. die Fähigkeit, zu planen (Planung),
4. die Fähigkeit, durchzuhalten (Durchhaltevermögen),
5. die Fähigkeit, ihre Gefühle zu steuern (Emotionsregulation) und
6. die Fähigkeit, an sich selbst zu glauben (Selbstwirksamkeit).

Abbildung 3: Die Entfaltung der Willenskraftblume

Fokussierung

Fokussierung ist die Fähigkeit, Ihre Aufmerksamkeit konsequent auf ein Ziel zu lenken und sich trotz von außen einströmender Reize und ablenkender Gedanken und Gefühle auf etwas zu konzentrieren. Diese Fähigkeit gibt Ihnen die Kraft, Ablenkungen und Verlockungen auszublenden, beispielsweise die SMS einer Freundin oder den Gedanken, wie schön es jetzt wäre, ins Schwimmbad zu gehen statt am Schreibtisch zu sitzen.

Selbstüberwindung

Selbstüberwindung ist die Fähigkeit, den spontanen Impuls zur Anstrengungsvermeidung und sofortigen Bedürfnisbefriedigung zu kontrollieren. Das fühlt sich an, wie wenn Sie auf einem Fahrrad sitzen und sich in Bewegung bringen wollen. Sie müssen die Massenträgheit überwinden. Sobald das Fahrrad einmal rollt, ist es leichter, in Bewegung zu bleiben. Diese Fähigkeit gibt Ihnen die Kraft, von der Couch aufzustehen und damit anzufangen, eine Absicht auch wirklich in die Tat umzusetzen.

Planung

Die Fähigkeit zur Planung ermöglicht es Ihnen, einen Weg zum Ziel zu finden und die einzelnen Schritte zum Ziel in einem Handlungsplan festzulegen. Diese Fähigkeit gibt Ihnen die Kraft, mit unvorhersehbaren Hindernissen auf dem Weg zum Ziel konstruktiv umgehen.

Durchhaltevermögen

Als Durchhaltevermögen bezeichnet man die Fähigkeit, trotz aller Widerstände und Hindernisse zieldienliche Verhaltensweisen dauerhaft auszuführen. Diese Fähigkeit gibt Ihnen die Kraft, eine Absicht aufrechtzuerhalten und auf dem Weg zum Ziel nicht aufzugeben, auch wenn Sie Rückschläge erleiden.

Emotionsregulation

Emotionsregulation ist die Fähigkeit, konstruktiv mit negativen Gefühlen umzugehen und sich trotz Schwierigkeiten und Niederlagen in eine positive Stimmung zu bringen. Diese Fähigkeit gibt Ihnen die Kraft, mit Frustrationen auf dem Weg zum Ziel konstruktiv umzugehen.

Selbstwirksamkeit
Selbstwirksamkeit bedeutet, auf die eigenen Fähigkeiten zu vertrauen und an sich selbst und sein Ziel zu glauben. Diese Fähigkeit gibt Ihnen die Kraft, Widerstände und Hindernisse als machbare Herausforderung zu sehen und auf dem Weg zum Ziel zu bleiben.

Wenn Sie Ihre Willenskraft entfalten und für etwas, das Ihnen persönlich wirklich wichtig ist, klug nutzen, ist das der sicherste Weg, um ein erfolgreiches Leben zu führen. Gleichgültig, ob Sie einen guten Vorsatz umsetzen oder ein großes Ziel erreichen wollen – wenn Ihnen Ihr Ziel etwas bedeutet und Sie die sechs Fähigkeiten Ihrer Willenskraft klug einsetzen, kann eigentlich nicht mehr viel schiefgehen.

Die Entfaltung und die kluge Nutzung unserer Willenskraft ist der sicherste Weg zu einem erfolgreichen Leben.

Selbsttest: Wie klug nutzen Sie Ihre Willenskraft?

Mit dem folgenden Selbsttest können Sie herausfinden, wie klug Sie Ihre Willenskraft aktuell bereits nutzen und worauf Sie besonders achten können, um noch willensklüger zu handeln. Sie werden erkennen, welche der sechs Fähigkeiten Ihrer Willenskraft Sie bereits gut einsetzen und welche Sie noch besser entfalten können. Die Aussagen im folgenden Selbsttest sind an Fragebogen angelehnt, die in der psychologischen Diagnostik eingesetzt werden, um persönlichkeitspsychologische Eigenschaften bei Menschen zu messen. Der Selbsttest beinhaltet je zehn Feststellungen zu jeder der sechs Willenskraft-Fähigkeiten. Beachten Sie, dass es bei Ihrer Selbsteinschätzung kein „Richtig" oder „Falsch" gibt. Kreuzen Sie spontan an, wie sehr die Aussagen im Allgemeinen auf Sie zutreffen, das heißt wie sehr Ihr übliches Denken und Handeln durch diese Aussagen beschrieben wird. Sie profitieren am meisten, wenn Sie *ehrliche Kreuze* setzen. Entscheiden Sie, welche der folgenden 60 Aussagen wie stark auf Sie zutreffen, und machen Sie in der jeweiligen Spalte ein Kreuz.

	Fokussierung	**Trifft sehr selten zu.**	**Trifft selten zu.**	**Trifft manchmal zu.**	**Trifft häufig zu.**	**Trifft sehr häufig zu.**
1	Mir fällt es leicht, mich auf eine Aufgabe zu konzentrieren.					
2	Ich kann im Café trotz vieler Menschen um mich herum aufmerksam die Zeitung lesen.					
3	Ich kann Gedanken an etwas anderes während einer Aufgabe gut ausblenden.					
4	Ich kann mich auch in einer Menschenmenge gut auf ein Telefonat konzentrieren.					
5	Wenn ich eine schwierige Aufgabe bearbeite, schaue ich nicht auf mein Smartphone.					
6	Es fällt mir auch bei großem Krach um mich herum leicht, eine E-Mail zu schreiben.					
7	Ich lasse mich im Gespräch mit anderen nicht durch eingehende SMS ablenken.					
8	Wenn ich ein Buch lese, achte ich nicht darauf, ob das Telefon klingelt.					
9	Während ich telefoniere, surfe ich parallel nicht im Internet und schreibe keine E-Mails.					
10	Es fällt mir leicht, mich ganz auf einen Kinofilm zu konzentrieren.					
	Summe					

Selbstüberwindung		Trifft sehr selten zu.	Trifft selten zu.	Trifft manch-mal zu.	Trifft häufig zu.	Trifft sehr häufig zu.
1	Ich erledige unangenehme Dinge sofort ohne zu zögern.					
2	Mein Motto lautet: „Erst die Arbeit, dann das Vergnügen."					
3	Meine Aufgaben erledige ich auch ohne Termindruck zügig und effektiv.					
4	Es macht mir wenig aus, auf etwas zu verzichten, um eine Aufgabe zu erledigen.					
5	Wenn ich mir etwas vornehme, gehe ich schnell an die Umsetzung.					
6	Es gelingt mir gut, jetzt an eine Arbeit ranzugehen, um danach frei zu haben.					
7	Mir fällt es leicht, meine Bedürfnisse auch einmal aufzuschieben, um ein Ziel zu erreichen.					
8	Ich setze auch nach einem anstrengenden Tag um, was ich mir vorgenommen habe.					
9	Es gelingt mir oft, mich für etwas anzustrengen, obwohl ich etwas anderes lieber machen würde.					
10	Es macht mir keine Schwierigkeiten, auch unangenehme Aufgaben sofort zu erledigen.					
	Summe					

	Planung	Trifft sehr selten zu.	Trifft selten zu.	Trifft manchmal zu.	Trifft häufig zu.	Trifft sehr häufig zu.
1	Für meine Ziele mache ich mir einen Plan und gehe systematisch danach vor.					
2	Über die Prioritäten meiner Aufgaben bin ich mir im Klaren.					
3	Ich plane meine Aufgaben schriftlich und kontrolliere sie.					
4	Ich nehme mir regelmäßig Zeit, um meine langfristigen Ziele zu überprüfen.					
5	Meine Aufgaben führe ich entsprechend ihrer Wichtigkeit aus.					
6	Ich führe einen Terminkalender, den ich täglich aktualisiere.					
7	Ich plane jeden Tag einen Zeitraum ein, in dem ich wichtige Aufgaben erledige.					
8	Wenn ich mich zu etwas entschlossen habe, führe ich es auch planmäßig aus.					
9	Ich habe meist das Gefühl, genug Zeit für die Erledigung meiner Aufgaben zu haben.					
10	Ich kann leicht die strategisch wichtigen Aufgaben erkennen.					
	Summe					

	Durchhaltevermögen	Trifft sehr selten zu.	Trifft selten zu.	Trifft manchmal zu.	Trifft häufig zu.	Trifft sehr häufig zu.
1	Trotz Hindernissen und Widerständen bleibe ich auf meinem Weg zum Ziel.					
2	Auch wenn es schwierig wird, bleibe ich an einer Aufgabe dran.					
3	Wenn ich merke, dass ich nicht vorankomme, atme ich durch und mache weiter.					
4	Mein Motto lautet: „Alles was leicht aussieht, war am Anfang einmal schwer.“					
5	Es fällt mir leicht, Aufgaben über mehrere Monate konsequent zu bearbeiten.					
6	Mich bringt so leicht nichts und niemand von meinem Weg ab.					
7	Ich kann mich immer wieder selbst überwinden, um an einer Aufgabe langfristig dranzubleiben.					
8	Probleme auf dem Weg sind für mich Herausforderungen, die ich meistere.					
9	Ich habe schon Projekte erfolgreich beendet, die länger als ein Jahr gedauert haben.					
10	Ich kann auch an schwierigen Aufgaben so lange dranbleiben, bis ich sie gelöst habe.					
	Summe					

Emotionsregulation		Trifft sehr selten zu.	Trifft selten zu.	Trifft manch-mal zu.	Trifft häufig zu.	Trifft sehr häufig zu.
1	Ich kann mich nach einem Misserfolg schnell wieder in eine positive Stimmung bringen.					
2	Ich kann Rückschläge gut wegstecken und weitermachen.					
3	Auch wenn ich mich schlecht fühle, kann ich mich auf eine Aufgabe konzentrieren.					
4	Mein Motto lautet: „Niederlagen gehören zum Erfolg."					
5	Für eine wichtige Aufgabe kann ich negative Gefühle vorübergehend ausblenden.					
6	Ich habe schon viele Rückschläge gut überwunden und meine Ziele erreicht.					
7	Es gelingt mir gut, zu spüren, wenn es mir schlecht geht, und zu benennen, warum.					
8	Wenn ich mich schlecht fühle, weiß ich, wie ich meine Stimmung aufhellen kann.					
9	Ich mache weiter, auch wenn ich einmal gescheitert bin.					
10	Ich kann das Trommelfeuer innerer Gedanken und Gefühle vorübergehend abstellen.					
	Summe					

Selbstwirksamkeit		Trifft sehr selten zu.	Trifft selten zu.	Trifft manchmal zu.	Trifft häufig zu.	Trifft sehr häufig zu.
1	Ich weiß, was ich kann, und vertraue auf meine Fähigkeiten.					
2	Ich bin davon überzeugt, auch schwierige Aufgaben gut zu meistern.					
3	Wenn ich mich anstrenge, dann schaffe ich auch anspruchsvolle Aufgaben.					
4	Auch bei herausfordernden Aufgaben vertraue ich darauf, dass ich sie meistern kann.					
5	Mein Motto lautet: „Hindernisse auf dem Weg zum Ziel sind machbare Herausforderungen."					
6	Die Menschen in meinem Umfeld vertrauen auf mich und meine Fähigkeiten.					
7	In der Vergangenheit habe ich jede schwierige Aufgabe irgendwie gemeistert.					
8	Mir fällt eigentlich immer etwas ein, um Probleme zu lösen.					
9	Ich zweifle selten daran, dass ich eine Aufgabe irgendwie meistern kann.					
10	Die Menschen in meinem Umfeld trauen mir zu, dass ich meine Ziele erreiche.					
	Summe					

Auswertung

Wenn Sie eine Aussage mit

- *„Trifft sehr häufig zu"* beantwortet haben, zählt das fünf Punkte.
- *„Trifft häufig zu"* zählt vier Punkte,
- *„Trifft manchmal zu"* zählt drei Punkte,
- *„Trifft selten zu"* zählt zwei Punkt und
- *„Trifft sehr selten zu"* zählt einen Punkt.

Addieren Sie jetzt Ihre Punkte und tragen Sie sowohl die Summen für die einzelnen Fähigkeiten als auch Ihre Gesamtpunktzahl ein.

Willenskraft

1	Fokussierung	
2	Selbstüberwindung	
3	Planung	
4	Durchhaltevermögen	
5	Emotionsregulation	
6	Selbstwirksamkeit	
	Gesamtpunktzahl	

Wie viele von den insgesamt 300 möglichen Punkten haben Sie erreicht? Und wie viele Punkte haben Sie von den jeweils 50 erreichbaren Punkten bei den einzelnen Fähigkeiten erreicht? Je höher Ihre Punktzahl, desto wahrscheinlicher ist es, dass Sie Ihre Willenskraft bereits klug nutzen, um Ihre Absichten erfolgreich in die Tat umzusetzen. Schauen Sie einmal, welche Fähigkeiten Sie bereits gut einsetzen und auf welche Ressourcen Sie schon zurückgreifen können. Und bei welchen Fähigkeiten können Sie Ihre Willenskraft noch besser entfalten und nutzen? Lesen Sie die entsprechenden Kapitel im Buch besonders aufmerksam. Nehmen Sie Ihre Ergebnisse als Ausgangspunkt und Grundlage für weitere

Überlegungen. Überprüfen Sie Ihre Selbsteinschätzung auch, indem Sie enge Freunde bitten, den Fragebogen für Sie auszufüllen. Wenn es Unterschiede in der Selbst- und Fremdeinschätzung gibt, so ist das ein guter Grund, um darüber zu diskutieren und daraus zu lernen.

Fazit

Jetzt wissen Sie, wie Willenskraft funktioniert. Sie haben Ihre Willenskraft getestet und erlebt, wie es sich anfühlt, Willenskraft bewusst einzusetzen. Sie haben ein für Sie persönlich wichtiges Ziel, auf das Sie sich konzentrieren wollen, benannt und geprüft, wie gut es zu Ihren Bedürfnissen passt. Und Sie haben das tierische Programm kennengelernt, das es Ihnen so schwer macht, an die Umsetzung Ihrer Ziele zu gehen. Damit sind Sie gut gerüstet, um im nächsten Kapitel einmal zu schauen, wofür Sie Ihre wertvolle Willenskraft an einem ganz normalen Tag im Leben eigentlich verbrauchen. Eines kann ich Ihnen schon verraten: Sie werden staunen, wer es alles auf Ihre Willenskraft abgesehen hat.

Die Willenskraft-erschöpfung

2

Wenn Sie mehr von dem erreichen wollen, was Sie sich vornehmen, sollten Sie damit anfangen, weniger von dem zu tun, was Sie davon abhält. Das ist leichter gesagt als getan. Denn wir sind ständig hin und her gerissen zwischen der reizgetriebenen Ablenkung unserer Aufmerksamkeit und der absichtlichen Konzentration auf unsere Ziele. Außerdem sind wir Menschen, und Menschen haben Gefühle. Zu viel Ablenkung von außen (Reize) oder von innen (Gedanken und Gefühle) überfordert unsere Aufmerksamkeit und dadurch schrumpft unsere willentliche Kontrolle über unser Verhalten. In diesem Kapitel erfahren Sie, was unsere Willenskraft erschöpft: *Entscheidungen treffen, Versuchungen widerstehen* und *Gefühle steuern*. Schauen Sie sich einmal wie unter dem Mikroskop an, wie Sie an einem ganz normalen Tag in Ihrem Leben mit Ihrer Willenskraft umgehen. Am Ende dieses Kapitels werden Sie verstehen, warum Erfolg nicht primär die Folge einer außerordentlichen Anstrengungs- und Verzichtbereitschaft, sondern das Ergebnis eines klugen Umgangs mit Ihrer Willenskraft ist.

Ein ganz normaler Tag im Leben

Morgens, 6.30 Uhr in Deutschland. Der Wecker klingelt. Sie schlagen Ihre Augen auf und der Tag nimmt seinen Lauf. Ihr erster Gedanke ist vielleicht „*Wie schön wäre es, jetzt noch eine Stunde liegen zu bleiben und weiterzuschlafen*“. Sie kontrollieren diesen Gedanken und entscheiden sich dafür aufzustehen. In den kommenden acht Stunden funktionieren Sie recht gut, solange Sie irgendeinen Druck von außen haben und ein Nicht-Funktionieren unangenehme Konsequenzen hätte. Sie entscheiden sich unzählige Male dagegen, eine Anstrengung zu vermeiden, und arbeiten stattdessen konzentriert an Ihren Aufgaben. Sie widerstehen vielen Versuchungen und beherrschen beispielsweise Ihren Impuls, bei der Arbeit laufend auf Ihr Smartphone zu schauen, Sie verzichten in der Kantine auf den leckeren süßen Nachtisch und darauf, das verführerische Paar Schuhe auf dem Nachhauseweg zu kaufen. Sie beherrschen auch Ihre Gefühle, zeigen beispielsweise im Business-Meeting niemandem, dass Sie traurig oder ängstlich, besorgt oder frisch verliebt sind. Wenn Sie Ihre Gedanken kontrollieren und sich auf eine anstrengende Aufgabe konzentrieren, brauchen Sie dafür Willenskraft – selbst wenn Sie die Aufgabe wirklich gerne machen. Sie brauchen auch Willenskraft, um einer Versuchung zu widerstehen – selbst wenn Sie wissen, für was Sie jetzt auf etwas anderes verzichten (in der Kantine wegen der schlanken Linie, im Schuhladen wegen des Kreditlimits). Und die bewusste Regulierung Ihrer Emotionen ist für Ihre Willenskraft Schwerstarbeit – selbst wenn es sich um positive Gefühle handelt. Das alles kann Ihre Willenskraft an einem ganz normalen Tag im Leben ziemlich erschöpfen. Das ist das dritte Geheimnis der Willenskraft.

Unsere Willenskraft ermüdet, wenn wir zu viele Entscheidungen treffen, zu vielen Versuchungen widerstehen und zu viele Gefühle regulieren.

Psychologen haben erforscht, dass wir uns täglich vom Aufwachen bis zum Schlafengehen viele tausend Mal dafür entscheiden, unsere Gedanken zu kontrollieren und unsere Aufmerksamkeit auf eine anstrengende Aufgabe zu fokussieren. Dazu prasseln von allen Seiten Informationen und Daten auf uns herein. Laut neuester Medienforschung erreichen uns Tag für Tag mehr als 3000 Werbebotschaften und verlocken uns, Geld auszugeben, Süßigkeiten zu essen, zu rauchen, zu trinken, fremdzugehen, fernzusehen, zu „zappen“, zu „webben“ und zu „appen“. Und welche Kraft Ihre Gefühle haben können, muss ich Ihnen wohl nicht sagen. Aus dem emotionalen Drunter und Drüber des Lebens erwächst die größte Herausforderung – selbst für sehr willensstarke Menschen. Beispielsweise wenn kürzlich eine Liebesbeziehung zerbrochen ist und uns das ständig durch den Kopf geht. Für jede einzelne Justierung unserer Gefühle, jeden Verzicht und jede Entscheidung, die wir treffen, setzen wir unsere Willenskraft ein.

Energiemangel im Gehirn

Neurowissenschaftler haben festgestellt, dass unser Gehirn mit jedem Einsatz der Willenskraft an Aktivität verliert. So wie die Beine eines Sportlers irgendwann ermüden, verlassen auch das Gehirn die Kräfte. Die Erschöpfung der Willenskraft ist eine Folge des Energiemangels im Gehirn. Je mehr Ihr Blutzuckerspiegel nach einer willentlichen Anstrengung abfällt, desto schlechter gelingt es Ihnen, sich beim nächsten Mal *zusammenzureißen* und Ihre Gefühle zu regulieren, sich aufs Wesentliche zu konzentrieren, das heißt Ihre Gedanken zu kontrollieren, oder einer Versuchung zu widerstehen und damit Impulse zu kontrollieren. Verstehen Sie nun, warum Sie manchmal, wenn Sie hochkonzentriert an einer Aufgabe arbeiten, ein überwältigendes Verlangen nach Süßem überkommt?

Entscheidungen treffen

Jede Entscheidung dafür, Ihre Gedanken zu kontrollieren und Ihre Aufmerksamkeit auf eine anstrengende Aufgabe zu fokussieren, zehrt an Ihrer Willenskraft. Wenn Sie bei der Arbeit den ganzen Tag über Entscheidungen treffen, ist Ihr Gehirn irgendwann erschöpft und will Kräfte sparen. Dann versuchen Sie, weitere Entscheidungen zu vermeiden oder aufzuschieben, wählen den Weg des geringsten Widerstands oder gehen auf Nummer sicher und lassen alles beim Alten, um sich möglichst viele Optionen offen zu halten.

!

Wenn wir entscheidungsmüde sind, neigen wir dazu, Entscheidungen zu vermeiden oder aufzuschieben, den Weg des geringsten Widerstands zu gehen oder alles beim Alten zu lassen.

Untersuchung: Gerichtsurteile

Eine Untersuchung der Wirtschaftspsychologen Jonathan Levav von der New Yorker Columbia University und Shai Danziger von der israelischen Ben-Gurion University zeigt diesen Zusammenhang eindrucksvoll. Das Psychologenteam untersuchte mehr als tausend Gerichtsurteile, die israelische Bewährungsrichter über einen Zeitraum von zehn Monaten getroffen hatten. Die Richter entschieden darüber, ob ein Häftling vorzeitig auf Bewährung entlassen wurde oder nicht. Mit der Entscheidung auf Haftverkürzung gingen die Richter ein Risiko ein. Denn wenn ein Häftling nach einer vorzeitigen Entlassung wieder straffällig wurde, warf das ein schlechtes Licht auf den Richter. Durchschnittlich gewährten die Richter nur jedem dritten Häftling eine vorzeitige Haftentlassung. Levav und Danziger entdeckten dabei ein interessantes Entscheidungsmuster. Schauen Sie sich einmal die folgende Liste an und raten Sie, welche Häftlinge begnadigt wurden:

Häftling 1 (8:50 Uhr):
Araber mit einer 30-monatigen Haftstrafe wegen Betrugs.

Häftling 2 (13:27 Uhr):
Jude mit einer 16-monatigen Haftstrafe wegen Überfalls.

Häftling 3 (15.10 Uhr):
Araber mit einer 16-monatigen Haftstrafe wegen Überfalls.

Häftling 4 (16:25 Uhr):
Jude mit einer 30-monatigen Haftstrafe wegen Betrugs.

Das Entscheidungsmuster hat weder etwas mit der Schwere des Verbrechens, der Dauer der Haftstrafe noch mit der ethnischen Zugehörigkeit der Häftlinge zu tun – sondern mit der Uhrzeit der Verhandlung! In den Verhandlungen am frühen Vormittag wurden 70 Prozent der Häftlinge begnadigt, in den Verhandlungen am späten Nachmittag waren es nur 10 Prozent. In den Verhandlungen, die kurz vor einer Pause geführt wurden, kamen nur 15 Prozent der Häftlinge frei, nach einer Pause waren es 70 Prozent. Aber was war der Grund dafür? Zucker! Der erste Häftling hatte Glück, weil der Richter gerade gefrühstückt hatte. Ebenso der zweite Häftling, weil sein Fall nach dem Mittagessen verhandelt wurde. Weniger gute Karten hatten der dritte und der vierte Häftling, weil deren Verhandlungen in Phasen der Unterzuckerung stattfanden. Der Blutzuckerspiegel im Gehirn des Richters war zu niedrig, er war entscheidungsmüde und wählte die sicherste Option: Die Häftlinge blieben hinter Gittern.

Gerechtigkeit: „das, was der Richter zum Frühstück gegessen hat"

! Sich zu entscheiden verbraucht Energie, und das schwächt die Willenskraft.

Nun entscheiden Sie wahrscheinlich nicht über Bewährungsstrafen von Häftlingen, aber überlegen Sie einmal, wie viele Entscheidungen Sie täglich in Ihrer Arbeit, in der Familie und in der Freizeit treffen. Wann waren Sie das letzte Mal entscheidungsmüde? Vielleicht nach einem langen Arbeitstag im Büro, an dem Sie viele Gespräche geführt und viel entschieden haben? Oder beim letzten Einkauf? Wenn Sie heute beispielsweise ein Smartphone mit Vertrag kaufen wollen, haben Sie die Wahl zwischen unzähligen Kombinationsmöglichkeiten. Da sind zunächst die verschiedenen Gehäusefarben in Rot, Grün, Blau, Gelb, Schwarz, Orange und die verschiedenen

Die Qual der Wahl

Gehäusematerialien Plastik oder Alu. Das Innenleben unterscheidet sich durch mehr oder weniger leistungsfähige Prozessoren und unterschiedlich große Speicherkarten. Dazu kommen die verschiedenen Vertragsangebote mit Festnetzflat, Handyflat, Internetflat oder All-Net-Flat, All-Net-Flat Basic oder auf Wunsch auch All-Net-Flat Premium. Zu Beginn Ihres Kaufabenteuers wählen Sie vielleicht noch sorgfältig aus, aber je mehr Entscheidungen Sie treffen und je mehr Ihr Blutzuckerspiel sinkt, desto wahrscheinlicher ist es, dass Sie sich vom Verkäufer ein „garantiert günstiges Sonderangebot" aufschwatzen lassen.

Achten Sie beim nächsten Kauf eines Smartphones einmal darauf, welche Features Ihnen der Verkäufer zuerst vorstellt. Ich gehe jede Wette ein, dass das die eher unwichtigen Details sind, wie zum Beispiel die Gehäusefarbe oder die kostenfrei mitgelieferte Smartphonehülle, und dass erst zum Schluss, wenn bei Ihnen die Entscheidungsmüdigkeit einsetzt, der teure 24-Monats-All-Net-Flat-Vertrag zur Sprache kommt. Denn sobald Sie entscheidungsmüde werden, neigen Sie dazu, den Weg des geringsten Widerstands zu gehen, und der führt mit Sicherheit zu einer hohen Provision des Verkäufers.

Wie viele Entscheidungen treffen Sie am Tag?

Machen Sie sich einmal bewusst, wie viele Entscheidungen Sie an einem ganz normalen Tag im Leben treffen. Beobachten Sie sich bei der Arbeit, in der Familie und in der Freizeit.

Alltagsentscheidungen standardisieren

Standardisieren Sie Alltagsentscheidungen. Erschöpfen Sie Ihre Willenskraft nicht dadurch, dass Sie sich täglich entscheiden müssen, wo Sie Ihren Hausschlüssel ablegen, welche Krawatte oder Schuhe Sie anziehen oder auf welchem Weg Sie zur Arbeit fahren. Man sagt, Albert Einstein habe zwölf identische Anzüge besessen, um sich keine unnötigen Gedanken darüber machen zu müssen, was er morgens anzieht. So sparte er

Energie für die wirklich wichtigen Aktivitäten: die Arbeit an der Relativitätstheorie. Menschen, die ihre intellektuelle Kapazität jedoch dafür nutzen, immer wiederkehrende Alltagsentscheidungen täglich neu zu durchdenken, beispielsweise die Fragen, was sie anziehen, was sie frühstücken, wie sie zur Arbeit kommen oder wann sie zu Mittag essen sollen, erschöpfen ihre Willensenergie.

Welche Entscheidungen können Sie standardisieren?

Überlegen Sie einmal, welche wiederkehrenden Entscheidungen Sie Tag für Tag aufs Neue treffen. Lauschen Sie Ihren Selbstgesprächen am Morgen, am Mittag und am Abend. Hören Sie sich oft selbst sagen *„Soll ich oder soll ich nicht?"*, *„Soll ich die … oder die anderen?"*, *„Mache ich das … oder das andere?"*, *„Wo habe ich bloß … abgelegt?"*? Das sind Hinweise darauf, dass Sie viele Aspekte Ihres Alltags standardisieren könnten, um dadurch Ihre Willenskraft zu entlasten.

Neben den Alltagsentscheidungen sollten Sie auch für die wichtigen Dinge im Leben, wie beispielsweise Karriere, Kinder, Hausbau oder Weltreise, früher oder später eine grundsätzliche Entscheidung treffen. Denn wenn Sie entscheidungsmüde sind, neigen Sie bei großen Entscheidungen dazu, diese zu vermeiden oder aufzuschieben oder einfach die sicherste Option zu wählen – wie die Bewährungsrichter im Beispiel. Wenn wir uns das große Bild unserer Gesellschaft anschauen, könnte man fast vermuten, dass die explodierende Zahl der Entscheidungsmöglichkeiten dazu führt, dass immer mehr Frauen und Männer wirklich wichtige Entscheidungen im Leben vermeiden oder aufschieben, um sich vermeintlich alle Optionen offen zu halten – bis es zu spät ist. Kollektive Willenskrafterschöpfung?

Versuchungen widerstehen

Jede Versuchung, der Sie widerstehen müssen oder wollen, zehrt an Ihrer Willenskraft. Wilhelm Hofmann, Psychologe an der University of Chicago, hat herausgefunden, dass wir im Alltag jeder sechsten Versuchung nachgeben – weil unser Wille erschöpft ist.

Aktivierung des Belohnungssystems

Jede Werbebotschaft im Internet, im Fernsehen oder Radio, auf Werbeplakaten oder in Schaufenstern stellt eine Herausforderung für Ihre Willenskraft dar. Denn alle Dinge, von denen Sie annehmen, dass sie Wohlgefühl erzeugen werden, setzen Ihr Belohnungssystem und damit den Teil des Motivationssystems im Gehirn in Gang, das sich entwickelt hat, um uns zum Handeln anzutreiben. Sobald Ihr Belohnungssystem aktiviert wird, sagt ihr Gehirn: „*Mach das, das macht Spaß!*". „Das" dann nicht zu tun kostet Willenskraft.

Die Auslöser unseres Motivationssystems sind evolutionsbiologisch bedingt fett- oder zuckerreiche Nahrung und sexuelle Reize. Im 21. Jahrhundert kommen zahlreiche weitere Auslöser hinzu. Alles, was Belohnung verspricht, regt unser Belohnungssystem an – gleichgültig, ob Süßigkeiten oder Schweinebraten, Models in Bademode, Juwelen oder Autos, Rotwein oder Zigaretten, Fernsehen, Internet oder Smartphone, im Gehirn haben sie alle dieselbe Auswirkung: Sie führen zur Ausschüttung von Dopamin. Und Dopamin aktiviert Ihr Motivationssystem. Allein die Verheißung einer Belohnung genügt, um diesen Prozess in Gang zu setzen. Das wissen auch die Werbefachleute!

!

Allein die Verheißung einer Belohnung führt zur Ausschüttung von Dopamin und damit zur Aktivierung unseres Belohnungssystems.

Verführerische Werbung

Der Duft von frisch gebackenem Brot, der Anblick einer bebilderten Speisekarte (vielleicht sind asiatische Restaurants deshalb so erfolgreich?), die Ankündigung einer 50-prozentigen Preisreduktion im Schaufenster, das Lächeln eines attraktiven Fremden, der Motivationstrainer, der Ihnen Reichtum verspricht ... alles, was für Sie eine Belohnung darstellt, löst bei Ihnen einen Dopaminschub aus. Dieser markiert die Objekte der Begierde als wichtig für Ihr Überleben. Und wenn Ihre Aufmerksamkeit von Dopamin kontrolliert wird, sind Sie auf die Wiederholung der Auslöser fixiert. Mit anderen Worten, Sie wollen es immer wieder und Sie wollen immer mehr davon. Das ist der Grund, warum wir durch Werbung verführbar sind. Und hier liegt eine der größten Ressourcen, um Ihre Willenskraft klug zu nutzen und Ihr Leben zu verbessern. Das ist das vierte Geheimnis der Willenskraft.

Sehen, hören oder riechen wir etwas, das für uns eine Belohnung darstellt, löst das im Gehirn einen Dopaminschub aus, der die Aufmerksamkeit lenkt und uns dadurch willensschwach macht.

Achten Sie einmal auf die Dinge in Ihrem Umfeld, die eine innere Unruhe in Ihnen erzeugen und die einen Sog auf Sie ausüben, beispielsweise den unwiderstehlichen Wunsch zu kaufen, zu essen, zu trinken oder zu surfen (im Internet). Prüfen Sie, ob das Belohnungsversprechen hinter diesen Dingen echt ist und sich tatsächlich das Gefühl einer Belohnung einstellt, sobald Sie gekauft, gegessen oder getrunken haben oder drei Stunden im Internet gesurft sind. Sehr wahrscheinlich werden Sie erleben, dass ein Belohnungsversprechen keine Belohnung ist.

Belohnungsversprechen und Belohnung unterscheiden

Überlegen Sie einmal, bei welcher Versuchung Sie regelmäßig schwach werden, weil Sie glauben, das wird Sie glücklich machen. Vielleicht sind das Kartoffelchips oder Kuchen, vielleicht aber auch die Verlockung, ein ganzes Wochenende vor dem Fernseher oder im Internet zu verbringen. Prüfen Sie das Phänomen des Belohnungsversprechens anhand einer konkreten Versuchung. Beobachten Sie, wie sich die Vorfreude, die Aufregung, der Speichelfluss – was auch immer bei Ihnen abläuft – anfühlen. Erlauben Sie sich dann, der Versuchung nachzugeben. Wie ist das eigentliche Erleben im Vergleich zur Erwartung? Hört das Streben nach der Belohnung irgendwann auf? Oder fühlen Sie sich getrieben, mehr zu essen, mehr fernzusehen, mehr im Internet zu surfen – nur noch der nächste Klick? Wann sind Sie befriedigt? Oder kommen Sie einfach irgendwann an den Punkt, an dem Sie nicht mehr können, weil Sie randvoll mit Kuchen oder vom langen Fernsehen erschöpft sind, das ganze Geld ausgegeben haben oder die Chipstüte leer ist?

Bei dieser Übung gibt es zwei mögliche Ergebnisse: Manche Menschen machen die Erfahrung, dass durch ein wirklich bewusstes Genießen schon eine weit geringere Menge bzw. eine kürzere Zeitspanne eine Befriedigung erzeugt. Andere stellen fest, dass die Erfahrung vollkommen unbefriedigend ist, dass das Belohnungsversprechen sich nie in ein Gefühl der Belohnung wandelt und dass das Streben nach der Belohnung nicht aufhört. Beide Erfahrungen können Ihre Impulskontrolle verbessern und es Ihnen erleichtern, einer Versuchung in Zukunft zu widerstehen.

Wir können unsere begrenzte Ressource Willenskraft vor Erschöpfung schützen, indem wir auf die Auslöser unseres Motivationssystems achten.

Die tägliche Überforderung unserer Entscheidungs- und Widerstandskraft ist übrigens auch der Grund dafür, dass wir an einem ganz normalen Tag im Leben häufig Heißhunger nach etwas Süßem oder Fettigem verspüren. Ist der Wille erschöpft, braucht er neue Energie in Form von Zucker. Unser Gehirn schreit danach. Führen Sie im richtigen Moment wieder Energie zu, beispielsweise durch einen Schokoriegel, hebt sich Ihr Blutzuckerspiegel und Ihre Willenskraft ist wieder da.

Der Heißhunger nach etwas Süßem oder Fettigem ist ein Zeichen dafür, dass unsere Willenskraft in diesem Moment erschöpft ist.

Ein Willenskraftdilemma

Haben Sie das Willenskraftdilemma entdeckt, das darin steckt? Der Heißhunger-Mechanismus ist für alle, deren wichtigstes Ziel es ist abzunehmen, ein echtes Dilemma. Denn um den vielen süßen Verlockungen um uns herum zu widerstehen, brauchen Sie Willenskraft, und Ihre Willenskraft braucht Energie in Form von Zucker.

Der Glykämische Index

Da ist es gut zu wissen, dass Ihr Körper fast jede Nahrung in Glukose umwandelt – aber in unterschiedlicher Geschwindigkeit. Man spricht hier vom Glykämischen Index (GI). Je höher der GI, desto schneller wird das Nahrungsmittel umgewandelt. Kohlenhydrate wie Süßigkeiten oder Weißbrot haben einen hohen GI und geben Ihnen deshalb einen schnellen Energieschub, der allerdings ebenso schnell wieder abfällt. Deshalb fehlt Ihnen bereits kurz nach dem Verzehr eines Stücks Sahnetorte schon wieder Glukose und damit die Willenskraft zur Selbstbeherrschung, um das zweite Stück stehen zu lassen. Wenn Sie Heißhunger auf etwas Süßes verspüren, sollten Sie deshalb auf Lebensmittel mit einem niedrigen GI ausweichen, beispielsweise auf Äpfel, Birnen und Bananen, auf Nüsse, Vollkornprodukte und Gemüse.

Gefühle steuern

Wenn es darum geht, mit Willenskraft Ziele zu erreichen, spielen Gefühle eine Hauptrolle! Denn sobald Sie ein Gefühl unterdrücken, zehrt das an Ihrer Willenskraft. Das ist das fünfte Geheimnis der Willenskraft. Wir Menschen fühlen dauernd – vom Aufwachen bis zum Einschlafen sind wir voll von Emotionen. Die Steuerung der einzelnen Gefühle ist schwierig, weil wir kaum in der Lage sind, unsere Stimmung durch einen Willensakt zu ändern. Sie haben zwar Einfluss auf Ihr Denken und Ihr Verhalten, aber Sie können sich nicht dazu zwingen, glücklich, fröhlich oder zuversichtlich zu sein. Um unsere Gefühle zu steuern, verwenden wir oft indirekte, leider häufig wenig zielführende Strategien, die etwa darin bestehen, dass wir fernsehen, wenn wir uns erschöpft fühlen, Schokolade essen, wenn wir gefrustet sind, shoppen gehen, um bessere Laune zu bekommen, oder darüber grübeln, was wir tun könnten, um uns besser zu fühlen.

Wenn es darum geht, mit Willenskraft unsere Ziele zu erreichen, spielen unsere Gefühle eine Hauptrolle.

Zeitmanagement

Auf äußere Ablenkungen, die unsere Gedanken abschweifen lassen, haben wir durch unser Verhalten Einfluss. Wir können beispielsweise das Telefon und unser Smartphone aus- und den E-Mail-Benachrichtigungston abschalten oder besser gleich das Internetkabel kappen, die Türe schließen und unseren Kollegen sagen, dass wir in den nächsten zwei Stunden ungestört am neuen Marketingkonzept arbeiten wollen. Damit haben wir auch die meisten äußeren Verlockungen ausgeblendet und kommen zumindest in den nächsten zwei Stunden nicht in Versuchung, alle fünf Minuten aufs Smartphone zu schauen, doch noch eben die Sonderangebote beim Heimwerker zu googeln oder schnell den Kollegen anzurufen, um etwas „Dringendes" zu besprechen. Die Strategien für den Umgang mit äußeren Ablenkungen kennen Sie aus Zeitmanagementbüchern. Diese Tipps sind sehr hilfreich, wenn Sie Ihre Ziele erreichen wollen.

Sehr willensstarke Menschen begeben sich erst gar nicht in Situationen der Versuchung und Ablenkung, sondern gestalten sich ihr Umfeld ablenkungsarm – beispielsweise ein aufgeräumter Schreibtisch – und sparen sich so ihre Kräfte für ihr Zielstreben auf. Mehr dazu lesen Sie im Kapitel *Das Willenskraftumfeld*.

Willenskraftmanagement

Aber bleiben wir bei Ihren Gefühlen. Wenn Ihre Gefühle im Spiel sind, kommen Sie mit reinem Zeitmanagement nicht weiter. Hier brauchen Sie Willenskraftmanagement, um erfolgreich zu sein. Denn wie oft kommt es vor, dass Sie in Ihrem Büro sitzen, sich mühsam zwei Stunden Zeit freigeschaufelt haben und es dennoch nicht schaffen, konzentriert am neuen Marketingkonzept zu arbeiten? Irgendetwas scheint Sie immer noch abzulenken. Aber was? Genau! Heute Morgen hatten Sie einen Streit mit Ihrem Partner. Sie fühlen sich immer noch sehr unsicher, fragen sich, wie es jetzt eigentlich weitergehen soll, und sorgen sich um Ihre Beziehung. Und diese Sorge bahnt sich ihren Weg. Die Gedanken darüber drängen sich in den Vordergrund, lenken Sie ab und blockieren Sie.

Die Trennlinie zwischen unfruchtbarem Grübeln über Ihre Sorgen und einer produktiven Reflexion erkennen Sie, wenn Sie prüfen, ob Sie zu einer vorläufigen Lösung oder Erkenntnis gelangen – ist das der Fall, können Sie die quälenden Gedanken loslassen, wenn nicht, drehen Sie sich mit Ihren Sorgen im Kreis und können das Marketingkonzept vergessen. Selbst der größte rational geformte Willensakt – *„Ich will das Marketingkonzept jetzt aber wirklich schreiben!“* – wird Ihnen nicht helfen, aus dem Teufelskreis unabgeschlossener Gedanken und Gefühle auszubrechen.

Unabgeschlossene Gedanken und Gefühle lenken uns von innen ab. Nur durch eine (vorläufige) Lösung oder Erkenntnis können wir sie loslassen.

Die Passung von Zielen und Bedürfnissen

Das ist auch der Grund dafür, warum unsere Willenskraft blockiert ist, wenn unsere Ziele nicht mit unseren Bedürfnissen übereinstimmen, wenn also beispielsweise ein Mitarbeiter das Ziel hat, zum Manager aufzusteigen, aber tief im Innern eigentlich keine Macht ausüben möchte. Dieser Mitarbeiter kann fachlich eine überragende Leistung erbringen, als Manager wird er jedoch sehr wahrscheinlich leiden oder gar scheitern, weil ihn seine Gefühle immer wieder bremsen. Denn sobald er als Manager unbequeme Entscheidungen zu treffen hat, wird die Disharmonie zwischen ihm und seinen Mitarbeitern sein Willenskraftzentrum im präfrontalen Cortex hemmen und ihn blockieren. Menschen, deren Ziele und Bedürfnisse übereinstimmen, können ihre Gefühle besser steuern. Sie halten dadurch einen wertvollen Schlüssel zur Willenskraft und damit zu mehr Zufriedenheit und Erfolg in ihrem Leben in Händen. Mehr dazu lesen Sie im Kapitel *Das Willenskraftprogramm*.

Am Ende des Tages

Halten wir abschließend fest: Willenskraft ist nichts, das Sie nur ab und an gezielt abrufen, sondern etwas, das Sie Tag für Tag, in jeder Minute Ihres Lebens, also ständig einsetzen, um Entscheidungen zu treffen, Versuchungen zu widerstehen und Gefühle zu steuern. Im Job, in der Familie und in der Freizeit treffen Sie täglich viele tausend Entscheidungen darüber, was Sie tun und was Sie lassen. Sie steuern Ihre Gefühle, um beispielsweise bei einem traurigen Anlass nicht plötzlich fröhlich dreinzublicken oder bei einem fröhlichen Anlass nicht auf einmal zu weinen. Zudem widerstehen Sie täglich tausenden von Werbebotschaften, die Ihnen Belohnung versprechen und Sie zum Konsum verführen wollen. Wenn Sie nicht achtsam sind, zerrinnt Ihnen dabei Ihre begrenzte Willenskraft wie Sand zwischen den Fingern. Am Ende stehen Sie dann mit leeren

Händen da und fragen sich, wie Sie um Himmels Willen Ihr eigentlich wichtiges Ziel erreichen sollen. Deshalb: Achtung, Willenskraftdiebe!

Achtung, Willenskraftdiebe!

Am Ende eines ganz normalen Tages, an dem der Wecker schon viel zu früh geklingelt hat, an dem Sie den Wahnsinn des Arbeitsalltages über- und den meisten Versuchungen widerstanden haben, macht Ihre Willenskraft Pause. Dann sind Sie besonders anfällig für Ablenkungen und Verlockungen. Überlegen Sie jetzt einmal, wann, in welchen Situationen und bei welchen Verlockungen und Ablenkungen Sie besonders leicht schwach werden?

Verlockungen – an jeder Ecke

Verlockungen können Ihre guten Vorsätze zunichtemachten und Sie massiv daran hindern, Ihre Ziele zu erreichen. Gehen Sie beispielsweise nach der Arbeit hungrig einkaufen? Wenn Sie sich vorgenommen haben, sich gesund zu ernähren und sparsam mit Geld umzugehen, ist das gefährlich! Denn gegen Ihr tierisches Programm und die Werbeindustrie haben Sie dann fast keine Chance. Ihr Blutzuckerspiegel sagt Ihnen „*Energie auffüllen: essen, essen, essen!*“ und die Belohnungsversprechen im Supermarkt (oder im Internet) aktivieren über eine Dopaminausschüttung Ihr Motivationssystem. Und das ruft lautstark „*Mach es, das macht Spaß: kaufen, kaufen, kaufen!*“.

Neuromarketing

Eines der aktivsten Forschungsgebiete innerhalb der Neurowissenschaften dreht sich um die Beantwortung der Frage, was Sie beim Einkaufen dazu veranlasst, nach einem bestimmten Produkt zu greifen. Durch gezielt ausgewählte Reize führen Unternehmen Sie in Versuchung.

Machen Sie sich bewusst, dass Unternehmen Sie durch gezielt ausgewählte Reize in Versuchung führen.

Marketingagenturen analysieren mittlerweile in Echtzeit, welche Auswirkungen Werbekampagnen auf Ihr Konsumverhalten haben. Dafür werden technisch hoch aufwändige Informationszentralen eingerichtet, die man in der Branche als „War Room" bezeichnet. Hochleistungscomputer und Bildschirmwände dominieren diese Räume, die über Datenautobahnen mit den Konsumzentren in ganz Deutschland verbunden sind. Jedes Produkt, dessen Barcode über einen Kassenscanner gezogen wird, hinterlässt eine Konsumspur und erscheint als „Wann-wo-was-wie-viel-gekauft" auf den Rechnern im War Room. So erkennen Unternehmen, durch welche Werbereize Sie dazu veranlasst werden, Geld auszugeben. Das Wissen um die War Rooms kann Ihnen dabei helfen, den Reizen zu widerstehen und Ihre Willenskraft zu schonen.

Die ausgeklügelte Anordnung der Waren

Schon die Anordnung der Waren im Supermarkt folgt ausgeklügelten Systemen, die in vielen Marketingstudien erforscht wurden. Es ist kein Zufall, dass Sie am Eingang eines Supermarktes als Erstes den Duft frisch gebackenen Brotes riechen und die Gratis-Kostproben der Backwarenabteilung sehen. Das versetzt Sie in einen Zustand höherer Erregung. Denn Gratis-Kostproben von Nahrungsmitteln kombinieren zwei der stärksten Belohnungsversprechen: „gratis" und „Nahrung". Wird die Kostprobe zusätzlich noch von einer attraktiven Person verteilt, kommt ein drittes Belohnungsversprechen hinzu: „Sex".

Sexuelle Reize

Das kennen Sie beispielsweise aus diversen Auto-, Bademoden- oder Schmuckwerbungen. Eigentlich werden die meisten Produkte heutzutage mit sexualisierten Bildern verkauft, die unsere Dopaminneuronen tanzen lassen. Wenn Sie nicht gerade ausgiebig Sex hatten und wirklich kein Verlangen auf weitere sexuelle Betätigung verspüren, werden Sie auf jede sexualisierte Werbung ansprechen und schnell zu einem willigen Opfer der Werbeindustrie. Das gilt übrigens nicht nur für Ihr Bedürfnis nach Sex, sondern für alle Ihre Bedürfnisse. Sobald Sie sich in einem Lebensbereich im Defizit befinden oder fühlen – gleichgültig, ob es sich dabei um eine Unterforderung am Arbeitsplatz, um gesundheitliche oder um finanzielle Probleme handelt –, werden Sie anfällig für alle Werbeversprechungen, die vorgeben, dieses Defizit zu beseitigen.

Schnäppchenjagd und der Traum von Jackpot

Alles, was Ihnen das Gefühl gibt, ein gutes Geschäft zu machen, regt Ihre Dopaminproduktion an. „*2 zum Preis von 1*", „*Um 70 Prozent reduziert*", „*Heute im Sonderangebot*" oder „*Alles für 1 Euro*" genügen, um Sie in Kauflaune zu versetzen, selbst wenn Sie die günstigeren Produkte gar nicht brauchen. Besonders wirkungsvoll sind Preisschilder, auf denen ein höherer Preis durchgestrichen ist und stattdessen ein niedrigerer Preis lockt: „*statt 24,99 Euro nur noch 9,99 Euro*". Doch nicht nur die Aussicht, Geld zu sparen, ist verlockend – am Lotteriestand ist es dann die Verheißung von Reichtum, die Sie doch noch eben schnell einen Lottoschein für 12,35 Euro ausfüllen, ein Rubbellos für 5 Euro kaufen oder bei einer Sportwette mitmachen lässt.

Light-Produkte

Große Nahrungsmittelkonzerne entwickeln Rezepte, die genau die richtige Kombination aus Zucker, Salz und Fett vorsehen, damit Ihre Dopaminneuronen verrücktspielen. Zusätzlich platzieren Werbefachleute Produktinformationen auf den Verpackungen, die Ihnen ein gesundes Lebensmittel suggerieren – beispielsweise „*light*". Ihre Aufmerksamkeit wird auf Informationen wie etwa „*niedriger Fettgehalt*" hin- und von der Tatsache abgelenkt, dass sich in vielen dieser Produkte eine stattliche Menge reinen Zuckers befindet – der im Körper dann übrigens wieder in Fett umgewandelt wird. Achten Sie beim nächsten Einkauf im Supermarkt einmal darauf, welche Produktinformationen Ihre Aufmerksamkeit einfangen. Vielleicht entdecken auch Sie Unsinnigkeiten wie diese: „*Perlgraupen laktosefrei*". Dabei handelt es sich um eine vollkommen nutzlose Information, denn was bitteschön hat „*laktosefrei*" mit einem Getreideprodukt zu tun? Wer aber gar nicht erst darüber nachdenkt, empfindet diese Information beim schnellen Lesen als beruhigend, weil „*laktosefrei*" suggeriert: „*frei von bösen Dingen*".

„Neu" und „besser"

Die alten Verkaufstricks der Marktschreier werden übrigens auch in Zeiten des Neuromarketings noch erfolgreich eingesetzt. Ist etwas „*neu*", „*besser*" oder „*überraschend*", hat es gute Chancen, von Ihnen wahrgenommen und gekauft zu werden. Über den uralten Orientierungsreflex, der Sie dazu veranlasst, alles wahrzunehmen, was in Ihrer Umwelt neu und anders ist (der Orientierungsreflex hat unseren Vorfahren das Überleben gesichert, denn in einer feindlichen Umwelt mussten sie blitzschnell erkennen, was sich geändert hat, um einzuschätzen, ob es eine Gefahr darstellt), wird Ihre Dopaminausschüttung stimuliert. Sie reagieren hingegen weniger intensiv auf bekannte Belohnungen, auch wenn diese echten Genuss erzeugen. Auf vielen Produkten ist deshalb immer wieder zu lesen „*mit neuer, verbesserter Rezeptur*", „*noch samtiger*", „*noch fruchtiger*" (neulich auf einem Marmeladenglas gesehen), „*noch besser*", und deshalb werden auch Standardprodukte in ständig neuen Variationen eingeführt.

Düfte

Ein weiterer unbewusster Auslöser Ihres Motivationssystems sind Düfte. Ein appetitlicher Geruch ist ein Dopaminbooster und löst sehr zuverlässig ein Belohnungsversprechen und damit einen Handlungsimpuls in Ihnen aus. Denken Sie nur an den Duft von frisch gebackenem Brot oder frisch gebrühtem Kaffee. Sobald die Duftmoleküle Ihre Nase erreichen, beginnt das Gehirn, nach der Quelle zu suchen. Firmen setzen mittlerweile gezielt Düfte ein, um Sie in Kauflaune zu versetzen, wie die große Zahl an Dienstleistern im Bereich des Duftmarketings zeigt (googeln Sie einmal das Stichwort „Duftmarketing"!). Firmen nutzen strategisch platzierte Beduftungssysteme, um verlockende Gerüche gezielt so zu lenken, dass die jeweiligen Produkte in den jeweiligen Abteilungen vermehrt gekauft werden: Der Duft von Babypuder in Kleinkindabteilungen, Kokosnussaroma in der Abteilung für Bademode, beruhigender Duft von Flieder in der Dessous-Abteilung oder Lavendel im Möbelhaus sind nur einige Beispiele dafür.

Musik

Ob im Baumarkt, im Supermarkt oder in der Boutique – überall werden Sie mit leiser Musik empfangen, die Sie in Kauflaune versetzen soll. Unterbrochen wird die Musik durch Werbebotschaften über besonders tolle, günstige, neue Produkte. Und so gehen Sie über die Verkaufsflächen und greifen gut gelaunt nach Dingen, die Sie eigentlich gar nicht brauchen.

Belohnungsversprechen oder Belohnung?

All diese Tricks des Neuromarketings bringen Ihr Motivationssystem in Fahrt und schwächen Ihre Willenskraft. Und von den Verlockungen, die im Internet lauern, war bisher noch gar nicht die Rede. Ein Klick genügt und Sie können heute scheinbar alles haben – sofort. Bei all diesen Auslösern kann Ihr Gehirn nicht zwischen dem Belohnungsversprechen und der Belohnung unterscheiden. Das kennen Sie: Denken Sie einmal an die Vorfreude auf ein Feierabendbier oder auf eine Tüte Kartoffelchips am Abend. Das Belohnungsversprechen ist groß. Sie reißen die Chipstüte auf und der Duft der knusprigen, goldgelben Kartoffelchips strömt in Ihre Nase. Das Wasser läuft Ihnen im Mund zusammen. Sie nehmen sich eine Handvoll heraus und stecken sie sich genüsslich in den Mund. Und dann eine nach der anderen. Ist die Tüte leer, stellt sich seltsamerweise aber kein Belohnungsgefühl ein, vielmehr das Gefühl, tausend Kalorien in sich hineingestopft zu haben und sich irgendwie schlecht zu fühlen. Willensstarke Menschen zeichnen sich dadurch aus, dass sie vorausschauend erkennen, wie und wann sie in Versuchung geraten können, und sich erst gar nicht in Situationen der Verführung begeben. Sie sparen sich ihre (Willens-)Kräfte für ihr Ziel auf.

Auslöser beobachten

Achten Sie ab heute einmal bewusst auf die Auslöser, die Ihr Motivationssystem aktivieren. Welche Belohnungsversprechen regen Sie zum Handeln an? Wenn Sie Werbung sehen oder einkaufen gehen: Was sehen Sie? Was hören Sie? Was riechen Sie? Was fühlen Sie? Wodurch geraten Sie am ehesten in Versuchung und wann werden Sie schwach?

Vielleicht fragen Sie sich gerade, wo denn bei all dem Verzicht der Spaß am Leben bleibt. Und Sie haben vollkommen Recht. Ein Belohnungsversprechen ist zwar kein Garant für Glück und Zufriedenheit – doch gar kein Belohnungsversprechen ist der sichere Weg ins Unglück und die Unzufriedenheit. Wir brauchen Belohnungsversprechen, um Motivation, Interesse und Engagement aufzubringen und überhaupt zu handeln. Aber wir sollten unterscheiden zwischen den Belohnungsversprechen, hinter denen echte Belohnungen stehen, die unserem Leben Sinn geben, und den Belohnungsversprechen, hinter denen sich keine Belohnung versteckt, sondern die uns bloß ablenken, uns zum Konsum animieren und uns vielleicht sogar abhängig machen.

Wir brauchen Belohnungsversprechen, da sie unser Interesse wecken und uns motivieren. Allerdings sollten wir prüfen, ob die Versprechen auch zu einer echten Belohnung führen.

Entscheiden Sie selbst, wann und wie Sie sich belohnen. Lassen Sie sich das nicht durch die Werbeindustrie vorschreiben. Sie müssen im Supermarkt nicht auf die Anordnung der Waren hereinfallen und beispielsweise willenlos, weil entscheidungsmüde, an der Kasse zum Schokoriegel greifen. Sie müssen auch nicht unbedingt appetitanregende oder zuckerreiche Light-Produkte kaufen – oder laktosefreie Perlgraupen. Bei Preisangeboten können Sie prüfen, ob die Preisersparnis echt ist oder Ihnen nur weniger Inhalt zum günstigeren Preis angeboten wird. Und vor allem sollten Sie nicht hungrig einkaufen gehen!

Ablenkungen – den ganzen Tag

Wir leben in einer Welt voller Ablenkungen, in der viele Akteure versuchen, unsere Aufmerksamkeit in ihren Bann zu ziehen. Denn wer oder was auch immer es schafft, unsere Aufmerksamkeit zu fesseln, hat gute Chancen, an unser Geld zu kommen. Aufmerksamkeit ist eine begrenzte Ressource. Das konnten Sie bereits bei unserem kleinen Willenskraftexperiment mit den Farbwörtern erleben. Nur was im Fokus Ihrer Aufmerksamkeit liegt und damit im Absichtsgedächtnis ankommt und wachgehalten wird, hat eine Chance, auch umgesetzt zu werden. Alles, was Sie ablenkt, schwächt Ihre Willenskraft. Das ist das sechste Geheimnis der Willenskraft.

Alle Ablenkungen schwächen die Willenskraft.

Die Millersche Zahl

Leider ist die Kapazität unserer Aufmerksamkeit sehr begrenzt. Aus all dem, was wir über unsere Sinne wahrnehmen, filtern wir mithilfe der Aufmerksamkeit die Informationen heraus, die dann im Kurzzeitgedächtnis weiterverarbeitet werden. Und da passt nicht viel rein. Bereits in den 1950er-Jahren hat der Psychologieprofessor George A. Miller festgestellt, dass die Obergrenze unseres Kurzzeitgedächtnisses bei sieben plus/minus zwei Informationseinheiten liegt. Diese Grenze nennt man die *Millersche Zahl*. (Neuere Forschungsergebnisse der Kognitionswissenschaft gehen sogar davon aus, dass es nur vier Informationseinheiten sind, die durch unsere Gedächtnisleistung erweitert werden.) Wir können uns also in einem Augenblick nur auf die begrenzte Anzahl von sieben plus/minus zwei Informationseinheiten konzentrieren. Welche Informationseinheiten das sind, das bestimmen wir durch die Zuwendung unserer Aufmerksamkeit.

Wir können uns in einem Augenblick nur auf sieben plus/minus zwei Informationseinheiten konzentrieren. Mehr geht nicht.

Aufmerksamkeitsexperiment

Was heißt das nun genau? Wie können wir uns eine Informationseinheit vorstellen? Machen wir einmal ein kleines Aufmerksamkeitsexperiment. Sie sehen gleich eine Reihe einzelner Ziffern – insgesamt 40. Lesen Sie diese Ziffern nacheinander und versuchen Sie, sich beim ersten Lesen so viele Ziffern wie möglich in der richtigen Reihenfolge zu merken.

0	1	0	1	2	0	1	5	0	3	1	0	2	0
1	5	0	6	1	2	2	0	1	5	2	4	1	2
2	0	1	5	3	1	1	2	2	0	1	5		

Wie viele Ziffern konnten Sie sich in der richtigen Reihenfolge merken? Wahrscheinlich waren es zwischen fünf und neun – je nachdem, wie gut Sie sich gerade konzentrieren konnten. Das entspricht sieben plus/minus zwei Informationseinheiten.

Lesen Sie bitte erst weiter, wenn Sie das kleine Experiment durchgeführt haben, denn jetzt verrate ich Ihnen einen Trick, wie Sie sich mühelos alle 40 Ziffern merken können: Bilden Sie dazu eine höhere Ordnung innerhalb der 40 Ziffern und fassen Sie die einzelnen Ziffern so zu höheren Informationseinheiten zusammen. Diesen Vorgang nennt man *clustern*. Haben Sie bereits eine höhere Ordnung entdeckt? Jeweils acht Ziffern bilden ein Datum – so stehen die 40 Ziffern für fünf bekannte, feststehende Feiertage im Jahr 2015.

0	1	0	1	2	0	1	5	0	3	1	0	2	0
1	5	0	6	1	2	2	0	1	5	2	4	1	2
2	0	1	5	3	1	1	2	2	0	1	5		

Neujahr, Tag der Deutschen Einheit, Nikolaus, Heiligabend, Silvester

Auf einmal müssen Sie sich nur noch fünf Informationseinheiten merken, die fünf feststehenden Feiertage, und können auch mit wenig Konzentration problemlos alle 40 Ziffern nennen. Das ist eines der Geheimnisse von Gedächtniskünstlern, die sich extrem lange Zahlenreihen merken können. Gedächtniskünstler *clustern* einzelne Informationseinheiten zu höheren, sinnhaften Informationseinheiten, das heißt, sie richten ihre Aufmerksamkeit nicht auf einzelne Ziffern, sondern auf zusammenhängende Ziffernfolgen.

Dieses Prinzip lässt sich weiterführen. Beispielsweise wenn Sie einen einzigen Informationscluster bilden, der da lautet: *Die oben genannten fünf Feiertage von 1995 bis 2015.* Auf einmal können Sie sich 21 (Jahre) x 40 (Ziffern) und damit die stolze Zahl von 840 Ziffern merken und ohne Anstrengung aufsagen – und haben sogar noch Aufmerksamkeitskapazität für weitere Informationseinheiten. Probieren Sie es einmal aus.

Das Nadelöhr der Aufmerksamkeit

Aber warum ist unsere Aufmerksamkeitsspanne limitiert? Wäre es nicht besser, wenn da mehr reinpassen würde? Nein! Ohne das Nadelöhr unserer Aufmerksamkeit würden wir verrückt werden. Die Flut an Reizen um uns herum würde uns hoffnungslos überrollen und wir würden darin ertrinken. Wer jetzt denkt, „*Na, bei mir ist das aber anders, ich kann Multitasking*", den muss ich leider enttäuschen: Es gibt kein Multitasking, keine Teilaufmerksamkeit. Multitasking ist ein Märchen. Wir teilen nicht auf, sondern schalten schnell um. Und ständiges Umschalten schwächt unsere selektive Aufmerksamkeit, die Fähigkeit, unsere Konzentration nur auf ein Ziel zu richten und gleichzeitig eine Flut anderer Reize zu ignorieren. Und das wiederum schwächt unsere Willenskraft. Je stärker unsere Konzentration von außen oder innen gestört wird, desto schlechter werden unsere Leistungen. Deshalb brauchen wir für die Umsetzung unserer Ziele die Fähigkeit, unsere Aufmerksamkeit bewusst zu steuern und uns nicht ablenken zu lassen.

Zwei Formen der Ablenkung

Es existieren zwei wichtige Formen der Ablenkung, die sensorische und die emotionale. Mit der sensorischen Ablenkung sind Sie sicher bereits vertraut. Wenn Sie inmitten des Krachs unserer Zeit konzentriert ein Telefonat führen, blenden Sie alles, was um Sie herum geschieht, einfach aus. Das gelingt den meisten Menschen recht gut. Die emotionale Ablenkung ist dagegen nicht ganz so einfach auszublenden. Stellen Sie sich vor, Sie sind auf einer Party und unterhalten sich sehr konzentriert mit einem Gast. Auf einmal nennt eine der Personen neben Ihnen Ihren Namen. Schon ist Ihre Aufmerksamkeit abgelenkt – obwohl Sie gerade noch ganz in das Gespräch vertieft waren. Ihr eigener Name ist ein emotional aufgeladenes Signal. Emotionale Ablenkungen sind aber nicht nur emotional aufgeladene Reize von außen, beispielsweise der Duft von frisch gebrühtem Kaffee, das fröhliche Kindergeschrei im Hof oder der Anblick einer alten gebrechlichen Frau auf der Straße, sondern auch innere emotionale Vorgänge, also Ihre Gefühle, die Sie besonders stark ablenken können: die Sorge um Ihre kranke Mutter oder der Gedanke an den Streit mit Ihrer besten Freundin, die Angst vor dem Untersuchungsergebnis beim Arzt, die Selbstzweifel angesichts einer neuen Aufgabe oder der Frust beim Blick auf Ihr Bankkonto. Solche emotionalen Themen drängen sich in den Vordergrund und bringen Sie dazu, darüber nachzudenken, was Sie in der Angelegenheit, die Ihr Wohlbefinden einschränkt, tun können.

Die absolut wirksamste Art von Ablenkung sind alle Formen von emotionaler Beschäftigung.

Ablenkung schwächt die Willenskraft

Schweifen Ihre Gedanken ab, sind Sie nicht mehr bei der Sache und vergessen – zumindest in diesem Augenblick – Ihr Ziel. Zu viel Ablenkung, egal ob von innen oder von außen, überfordert Ihre Aufmerksamkeit und dadurch schrumpft Ihre willentliche Kontrolle über Ihr Verhalten. Dadurch fällt es Ihnen schwerer, Ihre Impulse zu beherrschen, beispielsweise weniger Geld auszugeben, weniger Süßigkeiten zu essen oder weniger lange auf irgendeinen Bildschirm zu starren, und ebenso fällt es Ihnen viel schwerer, Ihre Gedanken auf Ihr Ziel zu konzentrieren und sich zu überwinden, eine Anstrengung auf sich zu nehmen, um Ihrem Ziel näher zu kommen. Wenn uns etwas schwer fällt, finden wir schnell gute Ausreden, um vor uns selbst zu rechtfertigen, warum wir nun von unserem Weg zum Ziel abweichen.

Gute Ausreden

Wer will, findet Wege, wer nicht will, findet Gründe.

Redensart

Wenn Ihr Tag bereits gefüllt ist und Sie sich manchmal fragen, was Sie denn noch alles umsetzen sollen, um ein besseres Leben zu haben, dann besteht die Gefahr, dass Sie sich mit guten Ausreden selbst um den Erfolg bringen.

„Ich fühle mich nicht gut"

Mentale Überlastung, Stress, Schlafmangel, Alkohol, fehlende Bewegung, nährstoffarmes Essen, chronische Schmerzen, Einsamkeit und Sorgen – die Liste der Ursachen für Unwohlsein ist lang. Die neuronale Folge ist kurz benannt: kein optimaler

Zugriff auf unsere Willenskraft! Alles, was Sie körperlich oder psychisch belastet, legt Ihr Willenskraftzentrum im präfrontalen Cortex lahm und hindert Sie daran, das zu erreichen, was Sie sich vornehmen. Das ist das siebte Geheimnis der Willenskraft.

Alles, was uns körperlich oder psychisch belastet, schwächt unsere Willenskraft.

Es ist ja schon schwer genug, gegen das tierische Programm in uns anzukommen, wenn wir gesund, nüchtern und sorgenfrei sind. Sich mit vierzig Grad Fieber, Restalkohol im Blut oder Kummer im Herzen zu etwas aufzuraffen ist fast unmöglich. Sobald Sie sich körperlich oder psychisch unwohl fühlen, reagiert das Alarmsystem in Ihrem Gehirn mit einem hohen Stresshormonspiegel und Ihre Herzfrequenzvariabilität (die Schwankungsbreite Ihres Pulses) verringert sich. Die Folge: Sie können nicht optimal auf Ihre Willenskraft zugreifen. Denn Stresshormone versetzen unser Gehirn in einen Zustand der Belohnungssuche. Und um uns besser zu fühlen, greifen wir auf die bewährten, schnellen Strategien der Stressbewältigung zurück, die im Gehirn das Belohnungssystem aktivieren: essen, trinken, einkaufen, fernsehen oder im Internet surfen – auf keinen Fall anstrengen oder verzichten. In so einem Zustand fällt es den meisten Menschen schwer, auf das hinzuarbeiten, was sie eigentlich erreichen wollen: *„Ich fühle mich heute nicht gut, ich kann mich nicht dazu überwinden, für die Prüfung zu lernen.“*

Herzfrequenzvariabilität

Anhand unserer Herzfrequenzvariabilität (engl. „heart rate variability“, HRV) können wir ganz einfach und sehr zuverlässig ablesen, wie gut wir gerade auf unsere Willenskraft zugreifen können. Ein gesunder Organismus passt die Herzschlagrate laufend momentanen Erfordernissen an. Der Herzschlag wird schneller (die Herzfrequenz steigt) bei körperlicher Beanspruchung oder psychischer Belastung, und er wird wieder langsamer (die Herzfrequenz sinkt) bei Entlastung und Entspannung. Wenn

Sie schnell laufen, steigt Ihr Puls, wenn Sie still sitzen, fällt er wieder. Wenn Sie vor dem Gespräch mit Ihrem Chef angespannt sind, steigt Ihr Puls, wenn das Gespräch vorbei und gut gelaufen ist, sinkt er wieder. Das ist normal und gesund. Denn unter Anspannung und Stress regiert Ihr sympathisches Nervensystem und aktiviert Sie, damit Sie bereit sind zum Kampf oder zur Flucht. Der Puls steigt, die Herzfrequenzvariabilität ist eingeschränkt. Ihr Herz schlägt auf einer höheren Frequenz, was zu negativen Gefühlen wie beispielsweise Angst, Verzweiflung, Ärger oder Wut beiträgt. Im Gegensatz dazu läuft Ihr parasympathisches Nervensystem an, wenn Sie sich entspannen. Der Puls sinkt, die Variabilität wird größer. Ihr Herzschlag verlangsamt sich, Anspannung und Stress lösen sich auf, was zu positiven Gefühlen wie beispielsweise Erleichterung, Ruhe oder Freude beiträgt.

Biofeedback

Der Zusammenhang zwischen unserer Herzfrequenzvariabilität und einem optimalen Zugriff auf unsere Willenskraft ist offensichtlich und mittlerweile auch wissenschaftlich erwiesen. Unter Anspannung und Stress können wir nicht klug mit unserer Willenskraft umgehen. Das können wir anhand der eingeschränkten Herzfrequenzvariabilität gut erkennen. Deshalb setzt man in unterschiedlichen Bereichen wie dem Spitzensport, der Psychotherapie, im Coaching oder auch im betrieblichen Gesundheitsmanagement Biofeedback-Verfahren und Biofeedback-Techniken ein, um eine optimale Belastungssteuerung zu ermöglichen. Dabei wird zunächst mit mehr oder weniger teuren Messgeräten die Herzfrequenzvariabilität gemessen. Eine moderne Pulsuhr leistet bereits gute Dienste. Ist die Herzfrequenzvariabilität gering, ist das ein Anzeichen für eine körperliche oder psychische Fehl- beziehungsweise Überlastung. In diesem Zustand kann man seine Willenskraft nicht optimal nutzen und deshalb auch keine (Spitzen-)Leistungen erbringen.

Durch spezielle musikalische Kompositionen, Atemtechniken, Achtsamkeitsübungen, Imaginationen und Meditationsübungen ist es sehr gut möglich, Anspannung abzubauen und Stress und negative Gefühle wie beispielsweise Ängste zu bewältigen. Jeder Mensch kann – auch ohne Coach – zu jedem Zeitpunkt eine Menge tun, um seine Herzfrequenzvariabilität wieder zu steigern und den Zugriff auf die Willenskraft zu verbessern. Im Kapitel *Das Willenskraftprogramm* lernen Sie beispielsweise eine einfache und hoch wirksame Atemmeditationsübung kennen.

Die Herzfrequenzvariabilität wird von vielen Faktoren beeinflusst: Lebensalter, Geschlecht, Tageszeit, Ernährung, Alkohol, Koffein, Nikotin, Medikamente, Fitness und eben auch von Anspannung und Stress. Wer mit Biofeedback-Verfahren arbeitet, sollte sich daher gut informieren und unbedingt zuvor medizinisch abklären lassen, dass keine gesundheitlichen Erkrankungen des Herz-Kreislauf-Systems vorliegen.

Stressbewältigung

Alles, was Sie körperlich oder psychisch entlastet, trägt dazu bei, dass Sie Ihre Willenskraft besser nutzen können. Wenn Sie sich etwas vornehmen und sich dafür besonders anstrengen oder auf etwas verzichten müssen, ist es klug, ein wenig auf Ihren Körper und auf Ihre Seele zu achten. Schlafen Sie ausreichend, ernähren Sie sich ausgewogen, bewegen sie sich regelmäßig an der frischen Luft, trinken Sie wenig Alkohol und schaffen Sie einige der allgegenwärtigen Verlockungen und Ablenkungen in Ihrem Umfeld ab. Achten Sie auch darauf, dass sich Ihre sozialen Beziehungen soweit möglich im Gleichgewicht befinden.

! Achten Sie auf eine gesunde Form der Stressbewältigung, wenn Sie dabei sind, ein Vorhaben umzusetzen.

Natürlich wissen Sie, dass es viel besser wäre, zu meditieren, Sport zu treiben, spazieren zu gehen oder mit Freunden etwas zu unternehmen. Wenn es Ihnen jedoch so geht wie vielen anderen Menschen auch, dann fühlen Sie sich am Ende des Tages einfach zu erschöpft, um eine gesunde Strategie zur Stressbewältigung zu wählen. Was das Problem noch verschärft: Ihr

Wissen darüber, welches Verhalten nun gut wäre, und Ihr Unvermögen, das auch umzusetzen, bringen Sie in einen inneren Willenskonflikt. Und den wollen Sie lösen. Natürlich könnten Sie den inneren Konflikt lösen, indem Sie Sport treiben – aber Sie wählen eine weniger anstrengende Variante: *„Ich weiß ja, dass es gesünder wäre, ins Fitnessstudio zu gehen, statt auf der Couch sitzen zu bleiben. Aber ich habe heute so hart gearbeitet, da darf ich jetzt doch auch ein bisschen faul sein."*

„Ich war so brav – jetzt darf ich"

Jeder von uns kennt das: Den ganzen Tag über waren wir „brav", haben uns angestrengt und verzichtet. Wir haben ein gesundes Müsli statt eines Marmeladenbrots gefrühstückt, zu Mittag einen Salat statt eines Schnitzels gegessen, genug Wasser (und keine Limonade!) getrunken, und wir fühlen uns wirklich gut. Kaum zu Hause angekommen scheinen wir jedoch die Präsenz von allerlei Köstlichkeiten in unserem Kühlschrank zu spüren, und jetzt passiert das, was Psychologen als *Self-Licensing* bezeichnen: Sie erteilen sich unbewusst die Selbsterlaubnis, zum Kühlschrank zu gehen und den Schokopudding zu essen.

Selbsterlaubnis zum Sündigen

Der Mechanismus des *Self-Licensing* funktioniert wie eine Art Ablasshandel: Nach einer guten Tat erlauben Sie sich selbst, ein bisschen „böse" zu sein. Eine Willenskraftherausforderung – gleichgültig, ob es sich um den guten Vorsatz handelt, sich gesünder zu ernähren, ob Sie abnehmen, mehr lernen, Karriere machen oder Geld sparen wollen – ist wie ein Kampf zwischen Ihren „guten" und Ihren „bösen" Anteilen.

Und jetzt wird es spannend: Jedes zielgerichtete, gute Verhalten kann den *Self-Licensing*-Effekt auslösen. Wenn Sie es für „gut" halten, zu trainieren, und für „böse", es nicht zu tun, dann werden Sie nach einem erfolgreichen Fitnessstudiobesuch eher auf das nächste Training verzichten. Loben Sie sich, weil Sie dem Dessert in der Kantine widerstanden haben, und tadeln Sie sich, wenn Sie einen Schokopudding essen, dann ist die Gefahr groß, dass Sie am Abend zum Pudding greifen, nachdem Sie in der Kantine auf den Kuchen verzichtet haben. Wenn Ihre Wünsche nicht in Einklang zu bringen sind, erlaubt Ihnen das „Gutsein" im Anschluss ein wenig „Schlechtsein".

! In Willenskonflikten kann es zum Self-Licensing-Effekt kommen: Haben Sie sich zuvor „gut" verhalten, erteilen Sie sich unbewusst die Erlaubnis, im Anschluss ein wenig „böse" zu sein.

Diese Selbsterlaubnis zum Schlechtsein ist alles andere als logisch begründet. Denn es besteht selten ein echter Zusammenhang zwischen Ihrem guten Verhalten auf der einen Seite und dem schlechten auf der anderen Seite. Das eine rechtfertigt das andere nicht. Das Phänomen kann sich durch unser ganzes Leben ziehen: Viele gehen beispielsweise fleißig ins Fitnessstudio und trainieren, sehen darin aber zugleich die Lizenz, nach Lust und Laune zu essen. Andere geben sich nach einigen Stunden konzentriertem Lernen die Erlaubnis, über die Stränge zu schlagen. Das sind klassische *Self-Licensing*-Fallen. Und Sie entkommen ihnen nur, wenn Sie den Weg zum Ziel, beispielsweise zu einer Gewichtsreduktion, neu definieren: Die Bewegung ist ein erforderlicher Schritt, die gesunde Ernährung ein davon unabhängiger zweiter Schritt. Es sind keine austauschbaren „guten" Verhaltensweisen. Ein Erfolg auf der einen Seite rechtfertigt nicht Nachlässigkeit auf der anderen.

Fortschritt kann Rückschritt sein

Wir Menschen sind psychologisch so gestrickt, dass wir Fortschritte und Erfolge auf dem Weg zum Ziel gerne als Ausreden verwenden, um die Zügel schleifen zu lassen. Das kennt jeder, der schon einmal eine Diät gemacht hat. Zwei Wochen reißen wir uns zusammen und verzichten auf allerlei leckere Sachen. Wir nehmen sogar vier Kilogramm ab und bejubeln diesen Erfolg: „*Geschafft!*" Und dann? Dann erlauben wir uns, endlich wieder so zu essen, wie wir wirklich wollen. Die Folgen kennen Sie:

Schnell haben wir nicht nur die vier Kilogramm wieder auf den Rippen, sondern oftmals noch etwas mehr – der Jo-Jo-Effekt hat zugeschlagen.

Jede Willenskraftherausforderung konfrontiert Sie mit zwei konkurrierenden Zielen. Ein Teil von Ihnen denkt an Ihre langfristigen Interessen, beispielsweise an den Geldbetrag, den Sie ansparen wollen, um Ihren Traum von einer Weltreise zu verwirklichen. Der andere Teil fordert unmittelbare Bedürfnisbefriedigung – seien es die neuen Christian-Louboutin-Pumps für 965,00 Euro oder der neue Flachbildschirm für 899,99 Euro. Im Augenblick der Versuchung muss der vernünftigere Teil lauter argumentieren als die Stimme, die nach der sofortigen Bedürfnisbefriedigung verlangt. Fortschritt und Erfolg können Ihre Willenskraft auch stärken, aber nur, wenn Sie Ihr Handeln als Beweis dafür ansehen, dass Ihnen Ihr Ziel wirklich sehr wichtig ist – so sehr, dass Sie noch mehr tun möchten, um es zu erreichen! Diese Betrachtungsweise können Sie sich leicht aneignen, sie entspricht nur nicht Ihren üblichen Denkmustern. Häufiger suchen Sie nach einem Grund, Ihre Anstrengungen einzustellen – weil das Ihrem tierischen Programm „Energie sparen" und „Lust maximieren" entspricht.

Den Fokus verändern

Die beiden Betrachtungsweisen – entweder der Fokus liegt auf dem Fortschritt oder er liegt auf der Zielstrebigkeit – haben sehr unterschiedliche Folgen. Eine kleine Veränderung des Fokus führt zu einer grundlegend unterschiedlichen Auslegung der eigenen Handlung. Studien zeigen: Fragt man Menschen, die ihrem längerfristigen Ziel näher gekommen sind „*Was meinen Sie, wie groß ist der Fortschritt, den Sie erzielt haben?*", dann steigt die Wahrscheinlichkeit, dass sie im Anschluss etwas tun, was sich mit dem Ziel nicht vereinbaren lässt. Im Gegensatz dazu geraten Menschen, die gefragt werden „*Wie wichtig ist Ihr Ziel für Sie?*", weniger in Versuchung, sich kontraproduktiv zu verhalten. Diese minimale Veränderung des Fokus führte zu einer fundamental unterschiedlichen Überzeugung: „*Ich habe das getan, weil ich es wollte, und weil es mich meinem Ziel näher bringt*" statt „*Geschafft!*

Endlich kann ich wieder machen, was ich wirklich will". Wenn Sie Ihre Ziele erreichen wollen, sollten Sie sich Ziele setzen, die etwas mit dem zu tun haben, was Sie tun wollen, und nicht mit dem, von dem Sie denken, dass Sie es tun sollen.

Selbsterlaubnis prüfen

Überprüfen Sie einmal, bei welchen Gelegenheiten und in welchen Situationen Sie sich die „Selbsterlaubnis zum Sündigen" geben. Rechtfertigen Sie vielleicht das üppige Abendessen damit, dass Sie den ganzen Tag über auf so viele Dinge verzichtet haben? Oder erlauben Sie sich das endlose Internetsurfen, weil der Arbeitstag so hart war? Was hat das eine mit dem anderen zu tun? Prüfen Sie, ob Ihre Ausreden Sie davon abhalten, das zu erreichen, was Sie sich vorgenommen haben.

Sie haben sich zwar bemüht, Ihren Fokus zu ändern, letztlich sind Sie aber doch in eine *Self-Licensing*-Falle getappt und haben ein bisschen gesündigt? Dann wartet direkt die nächste Falle auf Sie: der „*Was-soll's*"-Effekt.

„Jetzt ist es auch schon egal"

Sie liegen also auf der Couch, die Nachrichten haben begonnen und die ersten Kartoffelchips haben den Weg in Ihren Mund gefunden. Dass Sie so unbeherrscht waren, die Chipstüte aufzureißen und sich auf der Couch niederzulassen, bereuen Sie zwar, aber Sie rechtfertigen es damit, dass der Arbeitstag hart war und Sie heute schon so vernünftig waren. Vielleicht tragen Sie sich aber noch mit dem Gedanken, nach der Tagesschau die Sporttasche zu packen und zum Fitnesstraining zu gehen. Doch je länger sie auf der Couch sitzen, desto unwahrscheinlicher wird das. Und spätestens nach fünfzehn

Minuten fernsehen und vier Händen voller Chips denken Sie: *„Was soll's, morgen ist auch noch ein Tag, heute bleibe ich auf der Couch liegen."* Und um sich wieder besser zu fühlen, holen Sie noch das Feierabendbier zu den Kartoffelchips und schauen weiter fern.

Schwachwerden – ein Teufelskreis

Die Diätforscher Janet Polivy und C. Peter Herman prägten den Begriff *„Was-soll's"*-Effekt und beschrieben damit eine der stärksten Bedrohungen für unsere Willenskraft: den Teufelskreis aus Unbeherrschtheit, Reue und noch größerer Unbeherrschtheit. In ihren Untersuchungen fanden die Forscher heraus, dass viele Menschen über unbeherrschtes Verhalten während einer Diät – beispielsweise einen Burger oder ein Stück Pizza – so unglücklich waren, dass sie das Gefühl hatten, sie hätten auf ganzer Linie versagt. Normalerweise würde man nun annehmen, dass diese Frauen und Männer den Schaden möglichst gering halten wollten und sich deshalb beim Essen wieder zurückhielten. Aber das Gegenteil geschah – sie sagten sich: *„Ach, was soll's! Mit der Diät ist es ohnehin schon vorbei, da kann ich gleich noch einen Burger essen."*

Dieser Teufelskreis existiert bei jeder Willenskraftherausforderung. Er wird bei Rauchern beobachtet, die aufhören wollen, bei „Shopaholics", die sparen wollen, oder bei Internetjunkies, die weniger surfen wollen. Häufig stehen gerade die Verhaltensweisen, die wir in Stresssituationen wählen, unseren Zielen im Weg – daraus entsteht eine Falle, die leicht zuschnappt. Dies geschieht etwa dann, wenn Menschen, die sich Sorgen um ihre Finanzen machen und eigentlich sparen wollen, powershoppen, um mit ihrem Kummer fertig zu werden. Das widerspricht jeder Logik, denn damit erhöhen sie lediglich ihre Schulden und steigern das Gefühl der Überforderung. Aber für ein Gehirn, das sich in diesem Moment einfach besser fühlen möchte, ergibt ein solches Verhalten einen Sinn.

Gleichgültig, um welche Willenskraftherausforderung es sich handelt, das Erlebens- und Verhaltensmuster ist immer das gleiche: Schwachwerden erzeugt Schuldgefühle, die uns motivieren, etwas zu tun, damit wir uns wieder besser fühlen. Und um uns in dieser für uns stressigen Situation wieder besser zu fühlen, tun wir oft genau das, was die Schuldgefühle ausgelöst hat.

Schwachwerden erzeugt Schuldgefühle. Um uns wieder besser zu fühlen, tun wir dann oft genau das, was die Schuldgefühle ausgelöst hat.

So kommt es, dass Sie, nachdem Sie bloß ein Stückchen Schokolade gegessen haben, die ganze Tafel aufessen. Oder dass Sie, wenn Sie beim Ausverkauf in Ihrem Lieblingsschuhladen ein Paar Schuhe gekauft haben, gleich bei drei weiteren Paaren zugreifen. Um aus diesem Teufelskreis auszusteigen, ist es entscheidend, zu wissen, dass nicht etwa das Schwachwerden selbst den eigentlichen Rückfall auslöst. Es sind die Gefühle von Kontrollverlust, Scham, Schuld und Hoffnungslosigkeit, die auf den kleinen Rückschlag folgen.

Verzeihen Sie sich selbst

Hier kommt Ihre Emotionsregulation ins Spiel, über die Sie im Kapitel *Das Willenskraftprogramm* noch mehr erfahren werden. Zahlreiche Studien belegen, dass diejenigen Frauen und Männer den Teufelskreis am ehesten durchbrechen, die sich selbst verzeihen können. Sich selbst zu verzeihen ist eindeutig hilfreicher, als sich mit Schuldgefühlen zu bestrafen. Viele Menschen denken jedoch, dass Schuldgefühle sie motivieren, Fehler zu korrigieren. Wenn Sie meinen, der Schlüssel zu mehr Willenskraft wäre ein strengerer, noch disziplinierterer Umgang mit sich selbst, sind Sie nicht allein. Aber Sie liegen falsch. Forschungsergebnisse belegen eindeutig, dass übersteigerte Selbstkritik durchgehend mit weniger Motivation und geringerer Willenskraft verbunden ist.

Schuldgefühle motivieren nicht, sondern schwächen die Willenskraft. Lernen Sie deshalb, sich selbst zu verzeihen.

Wie sprechen Sie mit sich selbst?

Beobachten Sie sich einmal selbst. Wie gehen Sie mit Rückschlägen und Scheitern um? Kritisieren Sie sich im inneren Dialog vielleicht mit Worten wie *„Du bist so faul, jetzt strenge dich mal mehr an!"* oder *„Was ist bloß los mit dir? Jetzt bist du schon wieder schwach geworden!"*? Oder ermutigen Sie sich dazu, beim nächsten Mal länger durchzuhalten: *„Das Stück Kuchen war zwar lecker, aber eigentlich willst du ja etwas ganz anderes. Beim nächsten Mal hälst du durch!"*? Mein Tipp: Entscheiden Sie sich für die zweite Variante. Gehen Sie rücksichtsvoll mit sich selbst um.

Belohnungsversprechen oder echte Belohnung?

Wenn Sie vermeiden möchten, dass Ihre Willenskraft stressbedingt scheitert, sollten Sie Strategien erlernen, um Wohlbefinden auf eine Weise zu erzeugen, die nichts mit einer schnellen Versuchung zu tun hat. Die am wenigsten wirkungsvollen Strategien zur Stressreduktion sind: Glücksspiel, Einkaufen, Rauchen, Trinken, Essen, Videospiele, Internetsurfen und mehr als zwei Stunden Fernsehen am Tag. Denn dabei handelt es sich um Aktivitäten, die eine Dopaminausschüttung auslösen und Sie in einem dauernden Belohnungsversprechen halten – ohne dass jemals eine Sättigung in Form einer Belohnung eintreten würde (vgl. Kapitel *Ein ganz normaler Tag im Leben*). Die wirkungsvollsten Methoden zur echten Stressminderung sind: Sport, Musikhören, mit Freunden Zeit verbringen, Lesen, Massage, Spazierengehen, Meditieren, Yoga oder ein kreatives Hobby. Hierbei werden stimmungsverbessernde Neurobotenstoffe wie Serotonin und GABA sowie das Wohlfühlhormon Oxytocin ausgeschüttet. Dadurch wird die Stressreaktion im Gehirn abgeschaltet, die Stresshormone im Körper werden reduziert und die heilende Entspannungsreaktion wird eingeleitet. Ihr Atemrhythmus und Ihr Herzschlag harmonisieren sich und Sie fühlen sich ruhiger. Weil diese durchaus wirkungsvollen Strategien sich jedoch nicht so aufregend anfühlen wie die, bei denen Dopamin ausgeschüttet wird, neigen wir dazu, zu unterschätzen, wie viel Wohlbefinden diese „langweiligen“ Strategien erzeugen. Wir vergessen sie, weil unser Gehirn bei Stress hartnäckig falsch vorhersagt, was uns glücklich machen wird.

! In Stressphasen vergessen wir die wirklich wirkungsvollen Strategien zur Stressreduktion. Statt zur echten Belohnung lenkt uns unser Gehirn hin zu Aktivitäten, die ihr Belohnungsversprechen nicht halten werden.

An jedem ganz normalen Tag im Leben verbrauchen wir viel Willenskraft, um zu funktionieren – und das gelingt uns normalerweise auch recht gut. Doch mental überfordert, im Stress oder durch Schlafmangel und schlechte Ernährung geschwächt, fühlen wir uns oft unwohl, erlauben uns selbst ein wenig zu sündigen und kommen schnell an den Punkt, an den wir denken: „*Was soll's, jetzt ist es auch schon egal.*“ Wenn wir zusätzlich zu den Herausforderungen unseres Alltags ein für uns persönlich wichtiges Ziel verfolgen, stoßen wir deshalb häufig an die Grenze der Willenskraft.

Die Grenze der Willenskraft

Um klar zu sehen, genügt oft ein Wechsel der Blickrichtung.

ANTONINE DE SAINT-EXUPÉRY

Fühlen Sie sich hin und wieder zu (willens-)schwach, um sich anzustrengen oder auf etwas zu verzichten? Dann geht es Ihnen wie den meisten Menschen. Aber das Gefühl, dass Ihnen die Willenskraft ausgeht, haben Sie schon lange, bevor sie es tatsächlich tut. Ihr Gehirn ist bestrebt, Energie zu sparen, und gaukelt Ihnen deshalb vor, dass die Willenskraft zur Neige geht. Das bedeutet jedoch nicht, dass Sie keine mehr haben. Sie können die mentale Stärke aufbringen, Ihre Willenskraft weiterhin zu nutzen. Ohne diese Fähigkeit würde kein Marathonläufer ins Ziel und kein Bergsteiger auf den Gipfel kommen, kein Student einen Masterabschluss erreichen und kein Mitarbeiter je zur Führungskraft aufsteigen. Es ist Ihre Überzeugung, dass Sie dazu fähig sind, die darüber entscheidet, ob Sie aufgeben oder weitermachen – nicht etwa eine starke oder schwache Willenskraft. Eine englische Redensart lautet: „*What your mind can believe, you can achieve.*“

Unsere Überzeugung, dass wir zu etwas fähig sind, entscheidet darüber, ob wir aufgeben oder weitermachen.

Gibt es dann überhaupt eine Grenze der Willenskraft und wenn ja, wo liegt sie? Es gibt die Grenze der Willenskraft, und sie liegt paradoxerweise in der Willenskraft selbst. Ein *Zuviel* an Willenskraft kann dazu führen, dass wir uns zu stark auf unser Ziel fokussieren, dadurch unter Stress geraten und weniger von dem erreichen, was wir eigentlich wollen. Dieses Phänomen kennt jeder, der schon einmal kurz vor einer Prüfung trotz Müdigkeit, Kopf- und Rückenscherzen Tag und Nacht ohne Pause gelernt und trotzdem (oder gerade deshalb) die Prüfung vermasselt hat, weil er keine Zusammenhänge mehr verstehen und behalten konnte. Wer mental oder emotional nicht mehr abschalten kann, verliert seine Willenskraft. Das ist das achte Geheimnis der Willenskraft.

Wir müssen mental oder emotional abschalten können, um unsere Willenskraft zu erhalten.

Sind Sie ein wenig verwirrt? Bislang ging es doch darum, dass ein wesentlicher Aspekt des klugen Umgangs mit unserer Willenskraft darin besteht, sich einhundert Prozent auf ein Ziel zu fokussieren und alles andere außer Acht zu lassen. Das stimmt, aber diese Fähigkeit kann sich auch ins Gegenteil verkehren.

Wenn Sie die ausschließliche Fokussierung auf eine Aufgabe oder ein Ziel überhaupt nicht mehr loslassen können, sind Sie gefangen wie der Schimpanse in der folgenden Geschichte.

Die Eingeborenen im südöstlichen Afrika fangen Schimpansen mit einer List. In einen Baum oder einen Termitenhügel schneiden sie einen Schlitz und an dessen Ende eine kleine Kuhle. Der Schlitz ist genau so breit, dass die Schimpansen mit der flachen Hand hineingreifen können. Die Eingeborenen legen in die Kuhle einen Salzklumpen. Schimpansen lieben Salz so wie wir Menschen Schokolade. Also greifen sie in den Schlitz und nach dem Salz. Sobald sie jedoch mit der flachen Hand das Salz umschließen und sich die Hand zur Faust ballt, bekommen sie die Hand nicht mehr aus dem Schlitz und sind gefangen. Der Drang, festzuhalten, ist beim Schimpansen so stark, dass die Eingeborenen ihn auf diese Art leicht einfangen können.

Mentale Endlosschleife

Wenn Sie sich beispielsweise in den Kopf gesetzt haben, Karriere zu machen oder abzunehmen, diesem Ziel alles unterordnen und sich ausschließlich darauf fokussieren, dann besteht die Gefahr, dass sich Ihre Willenskraft „festfrisst". Gelingt es Ihnen nicht mehr, Ihre Aufmerksamkeit von Ihrem Ziel abzuwenden und sich immer wieder auch anderen Dingen zuzuwenden, können Sie in eine mentale Endlosschleife geraten, die direkt in einen Burn-out, eine Essstörung oder eine andere psychische Erkrankung führen kann.

! Die Fähigkeit, seine Konzentration von einem Gegenstand zu lösen und auf etwas anderes zu richten, ist für unser Wohlbefinden unentbehrlich.

Abschalten

Wenn Sie Ihre ganze Konzentration längerfristig und ausschließlich auf ein Ziel fokussieren und das Gefühl entwickeln, nicht mehr abschalten zu können, fühlen Sie sich angespannt und gestresst. Jetzt einfach weiterzumachen wäre unklug. Willensklug ist es, in so einem Moment zu erkennen, dass Sie nicht weiterkommen, und dann loszulassen und etwas gänzlich anderes zu machen. Doch das fällt vielen von uns gar nicht so leicht. Frauen und Männer, die zu mir in die Coaching-Sprechstunde kommen, wissen oft, dass abschalten und entspannen sinnvoll wäre, aber die Schaltkreise in ihrem Hirn lassen einfach nicht los – sie sind dauer-„on“. Da hilft es auch wenig, sich selbst zu befehlen, jetzt nicht mehr an das Ziel oder an die Aufgabe zu denken. Was hilft, ist eine alternative Beschäftigung, die nichts mit der komplexen Aufgabe zu tun hat und die Ihre Konzentration auf eine andere Weise fordert, sodass Sie überhaupt nicht mehr an Ihre Aufgabe denken.

In Frage kommen hier Tätigkeiten wie Kreuzworträtsel oder Sudoku lösen, sich in ein spannendes Buch vertiefen, ein Musikinstrument spielen, Gartenarbeit, ein praktisches Handwerk ausüben, wandern oder Sport treiben. Allzu oft fallen wir allerdings auf die Stimme der Selbstsabotage in unserem Kopf herein, die versucht, uns weiszumachen, dass wir jetzt absolut keine Zeit dazu haben, abzuschalten. Kennen Sie die Geschichte vom beharrlichen Holzfäller?

Es war einmal ein Holzfäller, der bei einer Holzgesellschaft um Arbeit vorsprach. Das Gehalt war in Ordnung, die Arbeitsbedingungen verlockend, also wollte der Holzfäller einen guten Eindruck hinterlassen. Am ersten Tag meldete er sich beim Vorarbeiter, der ihm eine Axt gab und ihm einen bestimmten Bereich im Wald zuwies. Begeistert machte sich der Holzfäller an die Arbeit. An einem einzigen Tag fällte er achtzehn Bäume. „Herzlichen Glückwunsch“, sagte der Vorarbeiter. „Weiter so.“ Angestachelt von den Worten des Vorarbeiters, beschloss der Holzfäller, am nächsten Tag das Ergebnis seiner Arbeit noch zu übertreffen. Also legte er sich in dieser Nacht früh ins Bett. Am nächsten Morgen stand er vor allen anderen auf und ging in den Wald. Trotz aller Anstrengung gelang es ihm aber nicht, mehr als fünfzehn Bäume zu fällen. „Ich muss müde sein“, dachte er. Und er beschloss, an diesem Tag gleich nach Sonnenuntergang schlafen zu gehen. Im Morgengrauen erwachte er mit dem festen Entschluss, heute seine Marke von achtzehn Bäumen zu übertreffen. Er schaffte noch nicht einmal die Hälfte. Am nächsten Tag waren es nur sieben Bäume, und am übernächsten fünf, seinen letzten Tag verbrachte er fast vollständig damit, einen zweiten Baum zu fällen. In Sorge darüber, was wohl der Vorarbeiter dazu sagen würde, trat der Holzfäller vor ihn hin, erzählte, was passiert war, und schwor Stein und Bein, dass er geschuftet hatte bis zum Umfallen. Der Vorarbeiter fragte ihn: „Wann hast du denn deine Axt das letzte Mal geschärft?" „Die Axt schärfen? Dazu hatte ich keine Zeit, ich war zu sehr damit beschäftigt, Bäume zu fällen."

(JORGE BUCAY, 2013, SEITE 146 FF.)

Sich ausruhen, etwas anderes tun, sich mit anderen Dingen beschäftigen ist wichtig, um unsere Arbeitswerkzeuge zu schärfen. Etwas gewaltsam erzwingen zu wollen ist der verzweifelte Versuch, mit Willenskraft ein momentanes Unvermögen zu überdecken. Damit erreichen Sie sehr wahrscheinlich die Grenze der Willenskraft, aber nicht das, was Sie wollen.

Pausen machen

Willenskraftanstrengung und Willenskraftentspannung sollten in einer guten Balance stehen. Ansonsten riskieren Sie, krank zu werden oder zumindest nur sehr wenig von dem zu erreichen, was Sie erreichen könnten. Vielleicht kennen Sie das folgende Phänomen: Sie arbeiten lange hochkonzentriert an einer Aufgabe und kommen einfach nicht weiter. Durch die innere Blockade verstimmt, wenden Sie sich einer gänzlich anderen Beschäftigung zu. Vielleicht gehen Sie spazieren, putzen Ihre Wohnung oder kochen Pasta. Und plötzlich schießt Ihnen eine Idee durch den Kopf, wie Sie die Aufgabe lösen können. Die Biografien bekannter Forscher, Mathematiker und Erfinder sind voll von solchen Geschichten. Albert Einstein soll nach jahrelanger Arbeit an seiner Relativitätstheorie die Lösung im Traum erkannt haben. Den Mathematiker Henri Poincaré überkam die Erkenntnis zu einer arithmetischen Fragestellung, als er am Meer spazieren ging. Und Carl Gauß, der viele Jahre an einem Beweis für ein mathematisches Theorem gearbeitet hatte, ohne eine Lösung zu finden, fiel die Antwort plötzlich, wie vom Blitz getroffen ein, als er sich mit etwas gänzlich anderem beschäftigte.

Für dieses Phänomen gibt es eine wissenschaftliche Erklärung. Sobald unsere konzentrierte Aufmerksamkeit Pause hat, öffnet sich unsere Wahrnehmung. Dann werden wir aufnahmefähig für alles, was uns durch den Kopf geht, und unsere Assoziationsnetzwerke verarbeiten all das, woran wir zuvor bewusst und konzentriert gearbeitet haben, nun intuitiv. Dadurch können sich in Bruchteilen von Sekunden Verknüpfungen im Gehirn bilden, die andernfalls niemals hätten entstehen können. So kommt es zu Geistesblitzen. Also denken Sie daran: Wer Pausen macht, arbeitet besser. In welchem Abstand Sie Pausen einlegen, ist abhängig davon, wie komplex Ihre Aufgabe ist, und wie gut Sie sich im Allgemeinen und an diesem speziellen Tag konzentrieren können. Kognitionswissenschaftliche Studien empfehlen, nach drei bis vier Stunden konzentrierter Arbeit eine längere Pause einzulegen. Wenn Ihnen dann ein großartiger Gedanke kommt, ist es allerdings wichtig, wieder umzuschalten und sich „die Beute zu schnappen", indem Sie sich wieder scharf darauf konzentrieren, wie Sie Ihre Idee verwerten können. Sehr willensstarke Menschen beherrschen dieses Umschalten zwischen Konzentration (Fokussierung) auf eine komplexe Aufgabe und Zerstreuung (Defokussierung) meisterhaft. Sie können ihre Aufmerksamkeit bewusst steuern. Manchmal müssen wir uns also *zwingen, weniger willensstark zu sein* und eine Pause einzulegen, um gesund zu bleiben, unsere Willenskraft zu erhalten und sie optimal zu nutzen.

Umschalten lernen

Wir sollten uns regelrecht zu Pausen zwingen, denn so schonen wir unsere Gesundheit und unsere Willenskraft und erhöhen zudem die Chance, Lösungen durch Geistesblitze zu finden.

Die emotionale Endlosschleife

Ähnlich wie mit der „festgefressenen" Konzentration auf ein Ziel verhält es sich mit emotionalen Gedanken, die uns ständig durch den Kopf gehen und die wir nicht loslassen können. Endloses Grübeln über Sorgen, Enttäuschungen, Kummer, verpasste Chancen oder Selbstzweifel führen nicht zu einer

Lösung. Wer kennt das nicht: Wir wachen morgens um 5.19 Uhr auf. Eigentlich können wir jetzt noch einmal einschlafen, denn der Wecker klingelt erst um 6.30 Uhr. Klappt aber nicht. Das Trommelfeuer unserer Gedanken und Gefühle lässt uns nicht zur Ruhe kommen. Wir führen innerlich Selbstgespräche über die Unwägbarkeiten bei unserer Arbeit und die Probleme in der Familie. Unsere Gedanken kommen vom Hundertsten ins Tausendste und irgendwann fangen wir auch noch an, uns darüber zu ärgern, dass wir nicht mehr einschlafen können. Wenn der Wecker endlich klingelt, fühlen wir uns wie gerädert. Können wir quälende Gedanken und Gefühle nicht loslassen, drehen wir uns damit im Kreis und können sogar in eine mentale Endlosschleife des chronisch depressiven Grübelns oder der Angst geraten. Auch hier ist die Fähigkeit, unsere Konzentration von einem (emotionalen) Gegenstand zu lösen und uns etwas anderem zuzuwenden, für unser Wohlbefinden unentbehrlich. Und es existieren gute Tricks, wie Sie das Trommelfeuer im Kopf abstellen können. Im Kapitel *Emotionen regulieren* erfahren Sie mehr zu diesem wichtigen Thema.

Die Verfügbarkeit der Dinge

Neben der Unfähigkeit, von der Zielfokussierung oder von emotionalen Gedanken abzulassen, existiert ein weiterer Auslöser, der die Willenskraft an ihre Grenze bringen kann: die Verfügbarkeit der Dinge. Wir leben in einer „Alles-ist-möglich-Gesellschaft“, in der schnelle Verlockungen hinter jeder Ecke lauern. Wer sich der Verfügbarkeit der Dinge stark aussetzt, braucht eine übermenschliche Willenskraft, um seine Aufmerksamkeit von den Objekten der Begierde wegzulenken und das zu erreichen, was er sich vorgenommen hat. Erinnern Sie sich an die Forschungsergebnisse von Wilhelm Hofmann, der herausfand, dass wir im Alltag jeder sechsten Versuchung, die wir vor Augen haben, nachgeben. Im schlimmsten Fall kann sich ein unbeherrschtes Verhalten in einem Umfeld allgegenwärtiger Verfügbarkeit sogar zu einem Suchtverhalten und damit zu einer Abhängigkeit entwickeln. Sie können sich Ihr Umfeld jedoch auch willenskraftfreundlich gestalten. Wie das funktioniert, erfahren Sie im Kapitel *Das Willenskraftumfeld*.

Nur der kluge Umgang mit unserer Willenskraft macht Willenskraft zu einem Erfolgsfaktor. Wer sich pausenlos diszipliniert durchbeißt, wird seine Willenskraft an die Grenze führen. Das Zauberwort heißt Willenskraftflexibilität. Sie können mit weniger Aufwand viel mehr erreichen, wenn Sie Ihren Willen flexibel halten. Dazu müssen Sie ein wenig Mut aufbringen. Denn um in einer Anspannungsphase, in der Sie unter Hochdruck an einer komplexen Aufgabe arbeiten, loszulassen und darauf zu vertrauen, dass eine Pause Sie weiterbringen wird, brauchen Sie Selbstvertrauen.

Willenskraftflexibilität

Fazit

Auf den zurückliegenden Seiten haben Sie den Ursprung der Willenskrafterschöpfung kennengelernt und herausgefunden, wofür Sie Ihre Willenskraft tagein, tagaus verbrauchen. Sie haben gesehen, dass Erfolg nicht primär die Folge einer außerordentlichen Anstrengungs- und Verzichtbereitschaft ist, sondern das Ergebnis eines klugen Umgangs mit Ihrer Willenskraft. Zu einem klugen Umgang mit Ihrer Willenskraft gehört es aber nicht nur, Ihre Willenskraft vor Erschöpfung zu schützen. Im nächsten Kapitel werden Sie zwölf Willenskrafthelfer kennenlernen, mit deren Hilfe Sie Ihre Willenskraft gezielter einsetzen können, um mehr von dem zu erreichen, was Sie sich vornehmen.

3 Das Willenskraft-programm

Wenn Sie mehr von dem erreichen wollen, was Sie sich vornehmen, sollten Sie damit anfangen, mehr von dem zu tun, was Sie dahin bringt. Das ist leichter, als Sie nun vielleicht denken. Sie haben die ersten drei Schritte bereits unternommen:

1. Sie haben sich ein für Sie persönlich wichtiges Ziel gesetzt.
2. Sie beobachten Ihr Verhalten daraufhin, ob es zieldienlich ist.
3. Sie haben den Ursprung der Willenskrafterschöpfung aufgespürt und wissen jetzt genau, welche Ablenkungen und Verlockungen und welche guten Ausreden Sie von dem abhalten, was Sie sich vorgenommen haben.

In diesem Kapitel lernen Sie zwölf Willenskrafthelfer kennen, durch die Sie Ihre Willenskraft gezielter einsetzen können. Mit einem guten Plan wird es Ihnen leichter gelingen, Ihre Aufmerksamkeit auf das zu lenken, was Sie wirklich erreichen wollen. Dadurch werden Sie sich leichter selbst überwinden können. Durch die Kunst der Selbstbelohnung und der Automatisierung von anstrengendem Verhalten werden Sie auch auf längeren Durststrecken durchhalten. Die Fähigkeit, Ihre Emotionen zu regulieren, wird Sie auch in schwierigen Zeiten auf Kurs halten und die Kraft von innen kann Ihnen helfen, über sich selbst hinauszuwachsen.

Ein guter Plan

Life is what happens to you while you are busy making other plans.

John Lennon

Frauen und Männer, die in meine Coaching-Sprechstunde kommen, benennen zunächst ein willentlich beeinflussbares, realistisches Ziel. Dann arbeiten wir gemeinsam einen guten Plan für die Zielerreichung aus. Eine Führungskraft fasst ihren Plan wie folgt zusammen:

Ein Erfahrungsbericht

Mein Ziel ist es, parallel zu meinem Job einen Master in Business Administration erfolgreich abzuschließen. Ich mache mir einen Plan, was ich wann und wie tun will, um das zu erreichen. Das ist mein Grundgerüst. Mein Ziel, der Mastertitel, hat einen hohen Wert für mich. Einerseits lerne ich Dinge, die für meine Führungstätigkeit wichtig sind. Andererseits habe ich mit dem Master die Chance, mich beruflich noch weiter zu entwickeln. Ich stelle mir immer wieder vor, wie es sein wird, wenn ich mein Ziel erreicht habe. Der Weg dahin ist ein Auf und Ab. Es macht mir einerseits viel Spaß zu lernen, der Vorgang als solcher ist befriedigend, wenn ich mich erst einmal drangesetzt habe und merke, dass ich rein- und vorankomme. Aber es ist auch sehr anstrengend, neben meinen vielen Verpflichtungen als Führungskraft abends und am Wochenende dazusitzen, wenn draußen die Sonne scheint und alle anderen frei haben. Oder wenn meine Familie nach mir ruft.

An diesen Tagen fällt es mir sehr schwer, mich selbst zu überwinden und mich an den Schreibtisch zu setzen, statt die Wanderschuhe zu packen und mit meiner Familie oder mit Freunden raus zu gehen oder einfach nur in der Sonne zu liegen und zu entspannen. Sobald ich merke, dass meine Gedanken abschweifen und ich mir vorstelle, wie schön es jetzt wäre, etwas anderes zu tun, rede ich mit mir selbst: „Stopp, du hast ein Ziel, stell dir vor, wie dein Mastertitel auf der Visitenkarte steht und deine beruflichen Chancen steigen. Wie du mit dem Know-how des Studiums deinen Führungsjob besser bewältigen wirst. Stell' dir vor, wie gut du dich dann fühlen wirst."

Dann lenke ich meine Aufmerksamkeit ganz bewusst auf das Lernen, schaue nicht mehr zum Fenster raus. Lenke meine Gedanken auf den Plan,

den ich mir als Gerüst gebaut habe. Setze mir kleine Etappen innerhalb meiner großen Lernetappe. Schaue, dass ich schnell etwas Sichtbares erreiche, das mir ein inneres Belohnungsgefühl gibt. Plane eine Belohnung nach der ersten kleinen Etappe ein – vielleicht einen Espresso –, eine nach der zweiten Etappe – etwas Leckeres zu essen –, eine nach der dritten Etappe – einen Spaziergang – und eine nach der Gesamttagesetappe – mit meiner Familie ins Kino gehen.
Es ist ein Balanceakt, was da abläuft. In der einen Waagschale liegen all die Dinge, die mich von meinem Ziel ablenken, die es mir schwer machen, das umzusetzen, was ich mir vorgenommen habe: Ich bin müde und eigentlich gestresst, ich will schlafen und entspannen, ich will den Film im Fernsehen anschauen und mit meiner Familie raus in die Sonne gehen, ich will das Ziel schon erreicht haben und nicht monatelang den ganzen langen Weg noch gehen müssen. All das schwächt meine Willenskraft, die ich so nötig für die Zielerreichung brauche. In der anderen Waagschale liegen all die Dinge, die mich darin bestärken, das umzusetzen, was ich mir vorgenommen habe und die Anstrengung und den Verzicht auf mich zu nehmen: Es ist befriedigend, wenn ich wieder eine Etappe geschafft habe, es ist toll, wenn ich den Mastertitel erfolgreich abschließe, ich habe dadurch größere berufliche Aufstiegschancen, Lernen macht mir Spaß, eine berufliche Karriere passt zu meinen Bedürfnissen, ich habe schon Erfolg als Führungskraft und mit dem Mastertitel werde ich noch mehr Erfolg haben. Ausschlaggebend ist, dass ich es schaffe, meine Aufmerksamkeit auf das zu lenken, was mich darin bestärkt, das umzusetzen, was ich mir vorgenommen habe.

Willentliche Kontrolle

Zu einem gezielten Einsatz der Willenskraft gehört ein guter Plan. Und ein guter Plan fängt mit einem guten Ziel an. Beachten Sie zunächst, dass Ihr Ziel überhaupt Ihrer willentlichen Kontrolle untersteht. Wir wünschen uns oft Dinge, die unserer willentlichen Kontrolle gar nicht unterstehen. Beispiele: „*Ich will im Lotto gewinnen*“ oder „*Ich will, dass sich mein Chef ändert*“ oder „*Ich will nur noch zwei Stunden pro Nacht schlafen, um mehr Zeit zu haben*“. Willentliche Kontrolle haben wir aber nur über eigene Handlungen, für die Alternativen bestehen. Immer wenn wir die Möglichkeit haben, eine Sache zu tun oder zu lassen, können wir unsere Handlung willentlich kontrollieren. Wir können einen Lottoschein ausfüllen, doch ob wir gewinnen, können wir willentlich nicht beeinflussen. Wir können unserem Chef sagen, was uns an ihm stört, doch ob er sich ändert, darüber haben wir keine willentliche Kontrolle. Auch Ziele, die wir uns setzen, sind nur dann willentlich beeinflussbar, wenn wir etwas dafür tun oder lassen können. Wir können beispielsweise mehr oder weniger gesund essen oder uns mehr oder weniger oft bewegen und damit willentlich Einfluss auf unser Körpergewicht nehmen. Das Ziel, abzunehmen, ist damit ein willentlich erreichbares Ziel. Sobald wir keine Wahlmöglichkeit haben, etwas zu tun oder zu lassen, haben wir auch keine willentliche Kontrolle über unsere Handlungen. Das Vorhaben, pro Nacht nur noch zwei Stunden zu schlafen, ist ein Beispiel dafür, denn die Müdigkeit würde uns überwältigen, ob wir wollen oder nicht. Hier haben wir keine Kontrolle über unsere Handlungen und damit keine Wahlmöglichkeit.

!

Willentliche Kontrolle haben wir nur über eigene Handlungen, für die Alternativen bestehen.

Ziele oder gute Vorsätze?

Unterscheiden Sie bei dem, was Sie wollen, auch zwischen Zielen und guten Vorsätzen. Dieser Unterschied ist wichtig. Wenn Sie Ihre Willenskraft gezielt einsetzen, um beispielsweise eine Mount-Everest-Besteigung zu realisieren, müssen Sie sich nur so lange anstrengen und solange auf andere Dinge verzichten, bis Sie auf dem Gipfel stehen, also bis Sie Ihr Ziel erreicht haben. Passt Ihr Ziel zu Ihren Bedürfnissen, ist es persönlich wichtig für Sie und besteht eine realistische Erfolgswahrscheinlichkeit, dass Sie es auch erreichen können, dann gibt es kaum etwas Verlockenderes als die Zielerreichung. Ihre Zielfokussierung ist hoch. Sie befinden sich im Zieltunnel. Vielleicht stoßen Sie an die Grenzen der eigenen Belastbarkeit. Aber Sie lassen sich nicht so leicht von Ihrem Ziel abbringen.

Wenn Sie sich hingegen vornehmen, ab heute gesünder zu leben und beispielsweise mehr Obst zu essen und sich mehr zu bewegen (oder mit dem Rauchen aufzuhören, weniger Alkohol zu trinken, mehr zu schlafen, weniger fernzusehen, weniger im Internet zu surfen oder weniger Geld auszugeben), handelt es sich nicht um ein Ziel, sondern um einen guten Vorsatz. Sie müssen Ihre Anstrengungs- und Verzichtbereitschaft nicht nur für ein paar Tage oder einige Wochen aufrechterhalten, sondern über Jahre hinweg. Die Verhaltensänderung muss zu einem Teil Ihres Lebensstils werden, damit Sie Ihren guten Vorsatz langfristig erfolgreich umsetzen können.

Die Mount-Everest-Besteigung ist ein Ziel mit einem mehr oder weniger hohen persönlichen Wert, das Sie mit einer mehr oder weniger hohen Erfolgswahrscheinlichkeit irgendwann erreichen können. Sie strengen sich so lange an und verzichten so lange, bis Sie oben auf dem Gipfel stehen. Der gute Vorsatz, gesünder zu leben, ist etwas anderes. Gesunde Verhaltensweisen in Ihr Leben zu integrieren ist deshalb so schwer, weil Sie täglich durch viele Ablenkungen und Verlockungen in Versuchung geführt werden. Sie müssen immer dann, wenn Sie beispielsweise die Wahl zwischen Schokolade und Obst haben, Ihre Aufmerksamkeit willentlich auf die Verhaltensalternative richten, die Ihrem guten Vorsatz entspricht – und sich dann bewusst für das anstrengende Verhalten entscheiden. Sehr viel mehr Menschen scheitern an ihren guten Vorsätzen für den Alltag als an ihren großen Zielen.

! Es ist leichter, ein großes Ziel zu erreichen, als an einem guten Vorsatz festzuhalten, da dies eine dauerhafte Lebensstiländerung erfordert.

Selbst äußerst willensstarke Menschen, die immer wieder herausragende Ziele erreichen, kennen die Phasen nach einem *Gipfelsieg*, in denen sie ihre Willenskraft nicht klug nutzen. Bergsteiger schildern das sehr anschaulich. Danach gefragt, wie sie sich auf einen herausfordernden Aufstieg vorbereiten, sagen viele: „*Wenn ich mich auf einen Aufstieg vorbereite und ein Ziel habe, ändert sich meine ganze Wahrnehmung und mein ganzes Verhalten. Ich fokussiere meine Aufmerksamkeit auf alle relevanten Informationen für den Aufstieg, plane jeden Schritt und jeden Handgriff, esse nach einem Ernährungsplan. Ich trinke keinen Alkohol und gehe früh schlafen. Sobald ich in der Wand bin, konzentriere ich mich nur noch auf das Klettern, bis ich auf dem Gipfel stehe.*“ Fragt man sie weiter, wie es nach dem Gipfelsieg ausschaut, antworten viele: „*Aber wenn es vorbei ist und ich wieder unten bin, gehe ich oft genug zum anderen Extrem über. Dann fällt es mir schwer, mich selbst zu beherrschen. Ich ernähre mich nicht mehr gesund, trinke Alkohol, schlafe wenig, vergeude viel Zeit und bin nicht mehr so konzentriert. Wenn ich es geschafft habe, lebe ich wieder so wie vor meinem Ziel.*“

Gipfelsieg

Kennen Sie das aus Ihrem eigenen Leben? Vielleicht machen Sie ab und an eine Diät, reißen sich zwei Wochen zusammen und essen weniger und gesünder. Und nach der Diät? Denken Sie „*Ich habe das getan, weil ich es wollte*“ oder denken Sie dann doch eher „*Geschafft! Endlich kann ich wieder essen, was ich will*“? Die Auslegung Ihrer Handlungen (hier: Diät halten) ist entscheidend. Das wissen Sie bereits aus dem Kapitel *Gute Ausreden*. Wenn Sie denken „*Geschafft!*“, dann ist es viel wahrscheinlicher, dass Sie sich nach den vierzehn Tagen wieder erlauben, Sahnetorte, Schokolade und Schnitzel zu essen, als wenn Sie denken „*Ich habe das getan, weil ich es wollte*“. Wenn Sie sich ein Ziel gesetzt haben, das Sie nach einer gewissen Zeit, einer gewissen Anstrengung und einem gewissen Verzicht erreichen können – beispielsweise einen Masterabschluss –, kommen Sie mit einer Haltung weiter, bei der Sie schließlich Folgendes denken werden: „*Geschafft! Endlich kann ich wieder so leben wie davor und muss nicht mehr jeden zweiten Abend nach der Arbeit und jedes Wochenende am Schreibtisch sitzen.*“ Denn Ihr Ziel hat ein Erfüllungsdatum. Handelt es sich bei

Ihrem Ziel jedoch um einen guten Vorsatz, wie beispielsweise gesünder zu leben, werden Sie mit einer „*Geschafft-Haltung*" nicht erfolgreich sein. Ziele ohne Erfüllungsdatum erreichen Sie nur mit der Haltung „*Ich mache das, weil ich es will*".

! Ziele ohne Erfüllungsdatum erreichen wir nur mit einer Haltung, die in folgender Aussage zum Ausdruck kommt: „Ich mache das, weil ich es will."

Willenskrafthelfer 1: Der Was-Wann-Wie-Plan

Ihre Ziele zu erreichen fällt Ihnen dann leichter, wenn Sie begreifen, wie Sie Ihr Verhalten bewusst steuern können. Die Psychologen Heinz Heckhausen und Peter M. Gollwitzer haben 1986 ein psychologisches Modell zur Entscheidung und Steuerung von Willenshandlungen entwickelt (Rubikon-Modell), das Ihnen dabei helfen kann, diesen Prozess zu verstehen. Das Modell beschreibt vier Phasen, die jeder Handlung zugrunde liegen, gleichgültig, ob Sie den Mount Everest besteigen, einen Masterabschluss erreichen oder täglich einer süßen Versuchung widerstehen wollen. Die Psychologin Maja Storch hat dieses Modell um eine fünfte Komponente ergänzt. Es handelt sich dabei um unsere unbewussten Bedürfnisse, die eine grundlegende Rolle spielen bei der Entscheidung, welche Zielvorstellungen wir auswählen.

Phase 1 In der ersten Phase liegen Sie bildlich gesprochen auf der Couch und wägen ab, welches Ziel unter den vielen möglichen Zielen Sie verfolgen wollen. Um später einen optimalen Zugriff auf Ihre Willenskraft zu haben, spielt die Passung zwischen Ihren unbewussten Bedürfnissen und Ihren bewussten Zielvorstellungen eine wichtige Rolle. Das wissen Sie bereits aus dem Kapitel *Was wollen Sie erreichen?*. Vom Wunsch zum Wollen kommen Sie erst, wenn Sie eine Entscheidung für ein Ziel unter den vielen möglichen Zielen getroffen haben. Nur dadurch bilden Sie eine Absicht, das ausgewählte Ziel tatsächlich zu verfolgen, und binden sich an Ihr Ziel (Motivation). Ist die Entscheidung für ein Ziel getroffen, muss Ihre Willenskraft alternative Ziele verdrängen.

Nur wenn wir es schaffen, unsere Aufmerksamkeit zu steuern, können wir uns selbst überwinden und an die Umsetzung unseres Ziels gehen.

Phase 2

In der zweiten Phase machen Sie bewusst oder unbewusst einen Handlungsplan, womit Sie wann und wie loslegen, um Ihr Ziel zu erreichen. Studien belegen übrigens, dass ein bewusstes planvolles Vorgehen und das vorausschauende Erkennen, wie und wann Sie in Versuchung geraten und welche Probleme auftreten könnten, Ihre Erfolgschancen erhöhen. Denn am besten lösen Sie ein Problem schon dann, bevor es überhaupt auftaucht. Nach der Planung folgt die Selbstüberwindung: Sie stehen von der Couch auf und fangen an, zu handeln.

Der beste Zeitpunkt, um ein Problem zu lösen, ist, bevor es auftaucht.

Phase 3

In der dritten Phase der Zielverfolgung geht es darum, durchzuhalten. Die Gefahr ist groß, dass Sie sich wieder auf die Couch legen, weil die Zielverfolgung anstrengend wird und Sie tatsächlich mit den vermuteten inneren und äußeren Widerständen und vielleicht sogar mit Rückschlägen konfrontiert werden. Ihre Willenskraft muss dafür sorgen, dass Sie durchhalten, das heißt, dass Sie Ihre Absicht, das Ziel zu verfolgen, aufrechterhalten. Dazu müssen Sie Ihre Aufmerksamkeit permanent steuern und sich auf Ihr Ziel fokussieren. Ihr Durchhaltevermögen wird auf eine harte Probe gestellt, denn zunächst müssen

Sie sich immer wieder selbst überwinden. Ihre Selbstüberwindungskraft wird so lange beansprucht, bis Sie die zieldienlichen Verhaltensweisen automatisiert und damit weniger anstrengend gemacht haben. Da bei der Zielverfolgung immer wieder Hindernisse auftauchen können, müssen Sie Ihren Handlungsplan laufend überprüfen und gegebenenfalls ändern. Die Überzeugung, dass Sie das schaffen können, hilft Ihnen dabei, Probleme als Herausforderungen zu sehen, die Sie bewältigen können, und mit einer guten Emotionsregulation können Sie Frustrationen konstruktiv verarbeiten.

! Wir müssen uns so lange selbst überwinden, bis ein anstrengendes Verhalten durch Wiederholung und Einübung automatisiert und dadurch weniger anstrengend wird.

Phase 4 Gleichgültig, ob Sie Ihr Ziel erreicht oder auch nicht erreicht haben, irgendwann kommt es zum Abschluss einer Zielverfolgung. In dieser vierten Phase fragen Sie sich, ob Ihr Zielstreben erfolgreich war. Sie bewerten Ihre Entscheidungen und Handlungen und geben sich damit selbst Feedback. Diese Bewertung ist als Rückmeldeschleife wichtig, um für eine zukünftige Zielsetzung und Zielerreichung dazuzulernen. Wie Sie bei dieser Bewertung mit sich selbst umgehen, hat große Auswirkungen auf Ihre Selbstwirksamkeit.

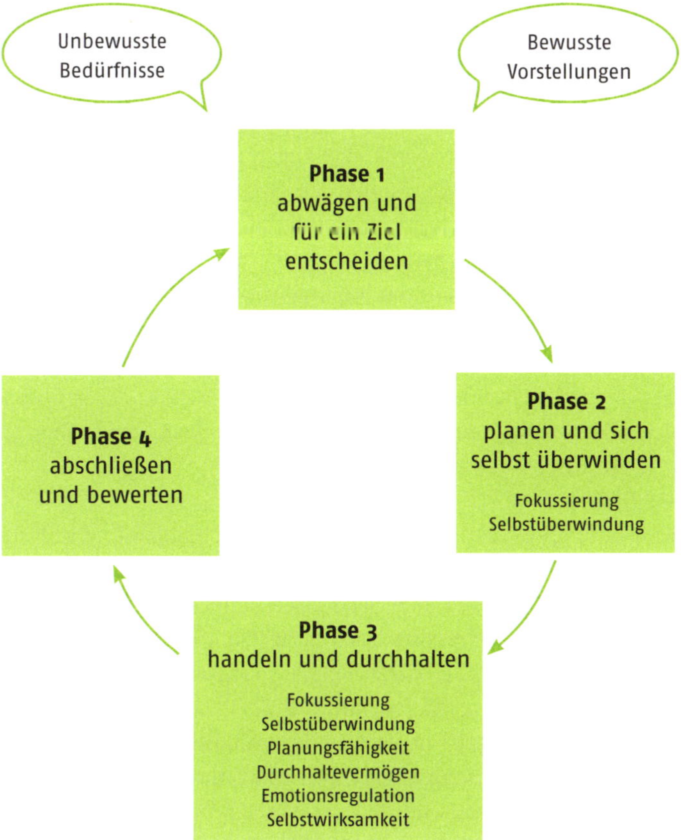

Abbildung 4: Prozess der bewussten Willenssteuerung

Ein guter Plan

Ein Sprichwort sagt „*Du kannst für 100 Jahre planen, aber was im nächsten Augenblick geschieht, das weißt Du nicht.*“ Genau deshalb brauchen wir einen guten Plan, und ein guter Plan ist kurz, einfach und konkret. Er beinhaltet Antworten auf die Fragen, was Sie wann und wie machen wollen, um Ihr Ziel zu erreichen. Unterteilen Sie den gesamten Weg zum Ziel unbedingt in kleinere Etappen. Dadurch können Sie Ihre Energie besser einteilen und werden länger durchhalten. Und stellen Sie sich vor Ihrem inneren Auge konkret vor, wie Sie jede einzelne Etappe umsetzen.

Angenommen, Sie wollen fitter werden und zehn Kilogramm Gewicht verlieren. Dafür planen Sie zwölf Wochen Zeit ein. Diese zwölf Wochen unterteilen Sie in zwölf Etappen, jede Woche eine. Und jede einzelne Woche unterteilen Sie noch einmal in zwei kleinere Etappen, denn Sie planen, zweimal pro Woche ins Fitnessstudio zu gehen. Stellen Sie sich vor, morgen ist es soweit. Der erste Besuch im Fitnessstudio steht an. Dann überlegen Sie sich bereits heute, zu welcher Uhrzeit Sie morgen dorthin gehen werden, bereiten Sie Ihre Sporttasche entsprechend vor, planen Sie, wie Sie zum Fitnessstudio kommen werden, und nehmen Sie sich konkrete Zeiteinheiten vor, in denen Sie beispielsweise auf dem Laufband oder an einem anderen Sportgerät trainieren. Damit schaffen Sie einen *Anfang vor dem Anfang* und können sich leichter selbst überwinden.

Selbstverpflichtung

Ein Plan gibt Orientierung wie ein Navigationsgerät und schafft eine Selbstverpflichtung. Sie bahnen damit in Ihrem Gehirn bereits mental den Weg, den Sie dann real gehen werden. Damit schaffen Sie sich eine Struktur, an der Sie sich festhalten können. Und damit fällt es Ihnen leichter, sich in der jeweiligen Situation den Ruck zu geben, um mit der beabsichtigten Handlung auch loszulegen und bei unvorhergesehenen Hindernissen die Flinte nicht so schnell ins Korn zu werfen. Halten Sie Ihren Plan so kurz, einfach und konkret wie möglich und spielen Sie ihn gedanklich immer wieder durch – am besten mehrmals am Tag. Beachten Sie den Unterschied zwischen Zielen mit Erfüllungsdatum (Mount-Everest-Besteigung) und Zielen ohne Erfüllungsdatum (gesünder leben) und setzen Sie sich besonders für die Ziele ohne Erfüllungsdatum konkrete Etappen, die Sie erreichen können. Beispiel: „Meine erste Etappe auf dem Weg zu einem gesünderen Leben ist es, mich an einem Tag pro Woche fünfzehn Minuten sportlich zu betätigen."

Gedankliche Generalprobe

Stellen Sie sich Ihr zukünftiges Verhalten vor. Planen Sie genau, was Sie wann und wie machen wollen. Fällt es Ihnen zum Beispiel schwer, im Supermarkt an den Süßigkeiten vorbeizulaufen ohne zuzugreifen? Dann können Sie sich einen Einkaufsplan machen: Was kaufe ich wann und wie ein? Notieren Sie sich die Dinge, die Sie brauchen, überlegen Sie, wann Ihr Blutzuckerspiegel ausgeglichen ist, und stellen Sie sich vor Ihrem inneren Auge genau vor, welche Wege Sie im Supermarkt laufen werden – ohne an den Süßigkeiten vorbeizugehen. Beobachten Sie, was passiert.

Willenskrafthelfer 2: Selbstbeobachtung

Auf den zurückliegenden Seiten haben Sie bereits in mehreren kleinen Übungen damit begonnen, sich selbst zu beobachten. Selbstbeobachtung wirkt wie der Blick durch eine Zauberbrille – Sie steuern damit Ihr Verhalten. Denn mit der Beobachtung Ihres eigenen Verhaltens geht eine Handlungskontrolle einher. Das ist oft der erste Schritt zur Verhaltensänderung. Schauen Sie sich deshalb immer wieder einmal von außen selbst dabei zu, was Sie wie machen. Und dann erlauben Sie sich, darüber nachzudenken, es auch einmal anders, zieldienlicher zu machen. Sie können sich auch täglich vor dem Einschlafen fünf Minuten Zeit nehmen und darüber nachdenken, was Sie an diesem Tag gemacht haben, um Ihrem Ziel näher zu kommen. Angenommen, Ihr Ziel ist es, bis zum Sommer zehn Kilogramm abzunehmen, und dafür wollen sie mehr Sport treiben und weniger Schokolade essen. Denken Sie in diesem Fall ab heute jeden Abend vor dem Einschlafen kurz darüber nach, ob Sie beispielsweise die Treppe statt des Aufzugs benutzt haben, ob Sie zur Arbeit gelaufen oder gefahren sind, ob Sie zum Frühstück Schokoladenbrotaufstrich oder Müsli und in der Kantine Kuchen oder Obst zum Nachtisch gegessen haben.

Lenkung der Aufmerksamkeit

Durch diese Selbstbeobachtung lenken Sie die Aufmerksamkeit auf Ihr Ziel, blenden alternative Wünsche aus, und dadurch ändert sich Ihr Verhalten automatisch schon in die gewünschte Richtung. Eine alte hawaiianische Weisheit besagt, dass Energie immer der Aufmerksamkeit folgt. Also, was haben Sie heute bereits gemacht, das Sie Ihrem Ziel näher gebracht hat? Licht aus, Spot an. Richten Sie Ihre gesamte Aufmerksamkeit einmal auf Ihre Fähigkeit, Ihre Aufmerksamkeit bewusst zu steuern!

Aufmerksamkeit steuern

Energy flows where attention goes.

HAWAIIANISCHES SPRICHWORT

Ihre Energie und damit auch Ihr Verhalten folgen immer Ihrer Aufmerksamkeit. Jeder Rennfahrer lernt das bereits in der ersten Trainingsstunde. Wenn er ins Schleudern kommt, muss er seine Augen immer auf die freie Strecke richten, denn würde er die Begrenzung anschauen, wäre die Gefahr groß, dass er dagegen fährt. Dieses Phänomen kennt jeder von uns. Schon in der Fahrstunde lernen wir, die Augen und damit unsere Aufmerksamkeit immer auf die Straße vor uns zu richten. Schauen wir beispielsweise nach einem Werbeplakat auf der linken Seite, dann werden wir ganz unwillkürlich nach links driften und im schlimmsten Fall einen Unfall verursachen. Als in den 1990er-Jahren die Modekette H&M Werbeplakate mit halbnackten Models in Bademode an vielbefahrenen Verkehrskreuzungen platzieren lies, passierte genau das. Die Zahl der Auffahrunfälle stieg drastisch an.

Sind Sie im Augenblick aufmerksam?

Wo befinden Sie sich gerade? Stehen Sie oder sitzen Sie? Vielleicht liegen Sie auch? Konzentrieren Sie sich ausschließlich auf die Zeilen vor Ihnen? Läuft im Hintergrund Musik, schauen Sie ab und an auf Ihr Smartphone? Welche Gedanken gehen Ihnen durch den Kopf und wie fühlen Sie sich? Sind Sie hungrig oder satt, müde oder ausgeschlafen? Fühlen Sie sich fröhlich oder gestresst? Können Sie sich voll auf dieses Buch konzentrieren oder sind Sie durch äußere Reize oder Gedanken und Gefühle abgelenkt?

Was Sie eben in der Übung gemacht haben, nennt man Selbstaufmerksamkeit. Sie haben Ihre Aufmerksamkeit bewusst genutzt, um wahrzunehmen, wo Sie sind und wie Sie sich fühlen. Gelingt es Ihnen, diese Zeilen mit voller Konzentration zu lesen, ohne sich durch hereinkommende SMS und andere Reize von außen oder durch Gedanken und Gefühle ablenken zu lassen, dann haben Sie gute Chancen, sich auch morgen noch an den Inhalt zu erinnern und davon zu profitieren. Vielleicht fesselt Sie aber auch das nebenstehende Vexierbild einer jungen Frau (ein Umkippbild, in welchem eine versteckte Figur enthalten ist) – oder gelingt es Ihnen, weiterhin bei meinen Worten zu bleiben und nicht noch einmal nach dem Saxophonspieler in der Abbildung zu suchen?

Ein mentales Bedürfnis in Ihnen drängt Sie dazu, das versteckte Bild zu finden, und schafft in Ihrem Gehirn einen Verarbeitungskonflikt zwischen Konzentration (auf den Text) und Ablenkung (durch das Umkippbild). Dieser innere Konflikt tritt immer dann auf, wenn Sie versuchen, sich auf eine Sache zu konzentrieren und den Verlockungen einer anderen zu widerstehen.

Aufmerksamkeit ist begrenzt

Da die Kapazität Ihrer Aufmerksamkeit sehr begrenzt ist, können Sie nicht zwei Dinge zur gleichen Zeit machen – Vexierbild anschauen und Wörter lesen auf einmal geht nicht. Ihr Aufmerksamkeitsstrahl stellt einen Flaschenhals dar und sorgt dafür, dass Sie zu jedem Zeitpunkt nur eine bestimmte Menge an Informationen im Kopf behalten und verarbeiten können. Alles, was Ihre Aufmerksamkeit in Anspruch nimmt – gleichgültig, ob es sich um Ablenkung von außen, Gedanken an unerledigte Aufgaben oder Sorgen um Ihre Finanzen handelt – verbraucht die Verarbeitungskapazität Ihres Absichtsgedächtnisses. Deshalb geraten Sie ins Stocken, wenn zwei Absichten gleichzeitig zu viel bewusste Aufmerksamkeit fordern. Bei unserem Willenskraftexperiment mit den Farbwörtern, bei dem Vexierbild oder beim Versuch, beim Lesen dieses Buches gleichzeitig noch einer Talkrunde im Fernsehen zu folgen – immer wieder werden Sie feststellen, dass es nicht möglich ist, sich auf zwei Dinge zur gleichen Zeit gleichermaßen zu konzentrieren.

Alles, was unsere Aufmerksamkeit in Anspruch nimmt, verbraucht die Verarbeitungskapazität unseres Absichtsgedächtnisses und schwächt dadurch auch unsere Willenskraft.

Wie gut ist es um Ihr Aufmerksamkeitsniveau bestellt?

Beantworten Sie einmal die folgenden Fragen:

1. Erinnern Sie sich daran, was Sie heute Morgen gefrühstückt haben?
2. Können Sie sich daran erinnern, wie das Wetter heute Morgen war?
3. Erinnern Sie sich, was jemand Ihnen gerade in einem Gespräch gesagt hat?
4. Haben Sie ein Geschmacksempfinden, während Sie essen?
5. Erinnern Sie sich an das hawaiianische Sprichwort am Anfang dieses Kapitels?

Je mehr Fragen Sie mit Ja beantworten können, desto besser ist es um Ihre willentliche Aufmerksamkeitssteuerung bestellt.

Fokussierung

Aber wie schaffen Sie es, sich auf eine Absicht zu konzentrieren und Ihre Willenskraft auf einen Brennpunkt zu bündeln wie der Fokus einer Linse das Licht? Fokussierung ist in unserer „Alles-ist-möglich-Gesellschaft“ mit den allgegenwärtigen Aufmerksamkeitsräubern gar nicht so einfach. Durch die beiden „Hauptdefokussierungsmaschinen“ unserer Zeit, das Internet und das Fernsehen, haben Sie überall und immer das Mittel der medialen Ablenkung. Und die Werbeindustrie lenkt Ihre Fantasie auf immer neue Dinge, die Sie haben, tun oder sein wollen, und führt Sie damit in Versuchung. Wer uns anstrengungsfreien Spaß verspricht, hat es leicht, uns zu gewinnen. Unser tierisches Programm „Anstrengung vermeiden“ und „Lust maximieren“ macht uns verführbar. Solange wir Ablenkung als Belohnung empfinden oder verkauft bekommen, werden wir es schwer haben, uns zu fokussieren. Meist sind äußere Ablenkungen aber nur die Erfüllungsgehilfen einer inneren Defokussierung. Wer seine inneren Bedürfnisse nicht kennt oder sich falsche Vorstellungen davon macht, welche Ziele er erreichen will, ist durch Ablenkung stärker verführbar. Die Lösung ist eine bewusste Steuerung der Aufmerksamkeit. Sie ist der Schlüssel zur Willenskraft und zum Erfolg.

Willenskrafthelfer 3: Ablenkungen ausblenden

Wenn es sich um äußere Reize handelt, die Sie von dem ablenken, was Sie eigentlich tun oder lassen wollen, gibt es eine einfache Strategie, wie Sie sich trotz der vielen Aufmerksamkeitsräuber leichter fokussieren können. Die Kunst der Fokussierung besteht im Weglassen, das heißt darin, Ablenkung auszublenden oder abzuschaffen. Nicht „mehr ist besser“, sondern „weniger ist mehr“.

Die Kunst der Fokussierung besteht im Weglassen: Blenden Sie Ablenkungen aus oder schaffen Sie sie ab.

Äußere Ablenkungen

Wenn Sie weniger Schokolade essen wollen und Ihr Kühlschrank voller Schokolade ist, müssen Sie entweder ausblenden, dass viel Schokolade im Kühlschrank ist, oder aber, Sie müssen die Schokoladenvorräte im Kühlschrank abschaffen. Wenn Sie eigentlich Englisch lernen wollen, aber wissen, dass Sie das anstrengt und Ihnen nur mäßig Spaß macht, dann sollten Sie besser nicht die Programmzeitschrift und die Fernbedienung neben dem Englischbuch liegen lassen. Die Versuchung, statt das Englischbuch aufzuschlagen den Fernseher einzuschalten, wäre sonst zu groß. Wenn Sie sich überwinden müssen, etwas zu tun, hilft die Strategie des Ausblendens von Ablenkung. Denn für die meisten Dinge, die uns von dem ablenken, was wir eigentlich tun oder erreichen wollen, gilt: Es wäre besser, wenn sie gar nicht da wären. Sie benötigen ein Vielfaches mehr an Willenskraft, um einer Versuchung, die Sie unmittelbar vor Augen haben, zu widerstehen, als wenn die Versuchung gar nicht in Ihrem Blickfeld wäre. Um einen Reiz, der in Ihrem Gesichtsfeld auftaucht, *nicht* wahrzunehmen, brauchen Sie eine Menge Willenskraft. Deshalb ist es so wichtig, dass Sie Ihre Aufmerksamkeit bewusst steuern und sich auf Ihr Ziel fokussieren können.

Fokussierung fällt Ihnen natürlich in einem geeigneten Umfeld leichter. Steuern Sie Ihre Aufmerksamkeit, bevor das andere tun. Denken Sie an die Werbung für Light-Produkte, die Ihre Aufmerksamkeit bewusst auf die Information *„geringer Fettgehalt"* steuert und damit von der Tatsache ablenkt, dass sich im Produkt Unmengen an Zucker befinden.

! Auf die meisten Dinge, die uns ablenken, können wir in unserem Umfeld gut verzichten.

Ablenkungen abschaffen

Konzentrieren Sie sich auf ein Ziel. Diese Fokussierung gelingt Ihnen leichter, wenn Sie äußere Ablenkungen abschaffen oder ausblenden. Testen Sie das einmal selbst: Wie leicht gelingt es Ihnen, konzentriert an einer Aufgabe zu arbeiten, wenn Sie immer wieder durch das Telefon, E-Mails, die Türklingel oder andere äußere Einflüsse gestört werden? Und wie gut können Sie sich auf eine Aufgabe konzentrieren, wenn Sie stattdessen dafür gesorgt haben, dass Sie zumindest für einige Stunden ungestört sind?

Gefühle – die stärkste Ablenkung

Äußere Ablenkungen sind verhältnismäßig einfach in den Griff zu kriegen. Aber wie sieht es in Ihnen drin aus? Während Sie eine Handlung ausführen, kann bereits der Gedanke an eine andere Handlung oder ein starkes Gefühl Ihre Konzentration beeinträchtigen. Bergsteiger schildern das sehr anschaulich: Danach gefragt, woran sie denken, während sie am Berg klettern, sagen viele: *„Sobald ich in der Wand bin, konzentriert sich meine Welt auf die wenigen Quadratzentimeter für den nächsten Klettergriff. Mit dem, was es grundlegend für mich bedeutet, diese Wand zu klettern, habe ich mich im Vorfeld auseinandergesetzt. Mitten in der Wand darf ich nicht nachdenken."* Das Gleiche gilt für Profifußballer. Erinnern Sie sich an die Fußballweltmeisterschaft 2014? Einige der Achtelfinal- und Viertelfinalspiele gingen in die Verlängerung und danach ins Elfmeterschießen. Stellen Sie sich einmal den Leistungsdruck und die Versagensangst vor, der die Elfmeterschützen kurz vor ihrem Schuss ausgesetzt waren. Die ganze Nation schaute auf sie und sie wussten, dass ihr Elfmeterschuss über Sieg oder Niederlage entscheiden wird. Profifußballer – so wie die meisten Spitzensportler – haben gelernt, ihre Gedanken und Gefühle zu kontrollieren. Wir Menschen können lernen, unsere Schaltkreise für emotionale Beschäftigung vorübergehend abzuschalten und unsere Aufmerksamkeit vollkommen auf eine Aufgabe zu konzentrieren. Mehr dazu lesen Sie im Kapitel *Emotionen regulieren*.

Menschen können ihre Schaltkreise für emotionale Beschäftigung vorübergehend abschalten, um sich ganz auf eine Aufgabe zu konzentrieren.

Nun sind Sie wahrschcinlich weder Profibergsteiger noch Profifußballer, aber Sie können von diesen Menschen lernen, wie auch Sie sich in schwierigen Phasen ganz auf Ihr Ziel fokussieren können. Wir alle kennen das: An jedem ganz normalen Tag im Leben hüpfen unsere Gedanken – besonders bei der Arbeit – hin und her wie ein Gummiball, den wir mit Schwung zu Boden werfen. Kaum sind wir bei der Bearbeitung einer Aufgabe, denken wir an die 15 unerledigten Punkte auf unserer To-do-Liste. Der Chef, der uns ständig fragt, bis wann wir denn die Aufgaben 1 bis 7 fertig haben werden, macht es uns auch nicht gerade leichter, konzentriert an der Aufgabe zu arbeiten.

Der Zeigarnik-Effekt

Was Ihnen hier helfen kann, ist eine Erkenntnis, die Psychologen seit 1920 den Zeigarnik-Effekt nennen. Dabei handelt es sich um ein Phänomen, das eine russische Psychologiestudentin namens Bluma Zeigarnik und ihr Mentor, der renommierte Professor Kurt Lewin, beim Mittagessen in Berlin entdeckt haben. Der Zeigarnik-Effekt bezeichnet die Tatsache, dass uns nicht erledigte Aufgaben und nicht erreichte Ziele immer wieder gedanklich beschäftigen. Wenn eine Aufgabe jedoch erledigt und abgeschlossen ist, endet der Strom der (inneren) Ermahnungen. Erst dann können wir unsere Aufmerksamkeit voll auf etwas Neues konzentrieren.

Eine unerledigte Aufgabe beschäftigt uns immer wieder, bis sie abgeschlossen ist.

Nutzen Sie diesen Effekt und schaffen Sie bei allem, was Ihre Aufmerksamkeit festhält und Sie von dem ablenkt, was Sie eigentlich machen wollen, *ein Ende vor dem Ende* – gleichgültig, ob es beruflicher oder privater Natur ist. Was das heißt? Wenn Sie konzentriert an einer Aufgabe arbeiten wollen und merken, dass die Gedanken an andere Aufgaben Sie ablenken, dann notieren Sie sofort und zügig, was Sie wann und wie als nächsten Schritt bei eben dieser Aufgabe, die Sie gerade ablenkt, machen werden, sobald Sie Ihre aktuelle Aufgabe abgeschlossen haben. Wenn Sie beispielsweise eine Stunde Zeit eingeplant haben, um Englisch zu lernen, und merken, dass Ihre Alltagsaufgaben im Job Sie nicht loslassen, dann notieren Sie sich kurz und knapp, womit Sie nach der Stunde beziehungsweise am nächsten Arbeitstag als ganz konkreten nächsten Schritt loslegen werden, um die Alltagsaufgaben zu erledigen. Damit schaffen Sie eine vorläufige Lösung der Aufgaben und der Gummiball in Ihrem Kopf gibt Ruhe. Dieses Vorgehen entspricht übrigens dem altbekannten Prinzip der Wiedervorlage.

Wiedervorlage

Der Zeigarnik-Effekt tritt auch bei „unerledigten" Emotionen ein. Wer voller Selbstzweifel und Versagensangst elf Meter vor dem Tor steht, wird den Ball nicht erfolgreich platzieren. Profifußballer haben die Fähigkeit, die Beschäftigung mit emotionalen Dingen vorläufig abzuschließen, indem sie sich sagen, dass es jetzt in diesem Moment nichts anderes gibt, als das Runde ins Eckige zu schießen. Nur so gelingt es ihnen, dem hohen Druck standzuhalten. Bereits wenige Sekunden nach dem Schuss können wir häufig beobachten, wie sich die Gefühle der Elfmeterschützen ihren Weg bahnen. Beispielsweise beim brasilianischen Starfußballer Neymar, der bei der Fußballweltmeisterschaft 2014 im Achtelfinale gegen Chile nach seinem erfolgreichen Elfmeterschuss auf die Knie fiel und weinte. Und die gleiche Fähigkeit der Emotionsregulation brauchte Neymar, um nach seinem Wirbelbruch durch ein Foul im Viertelfinalspiel gegen Kolumbien die Hoffnung auf Genesung nicht zu verlieren. Das gilt übrigens für jeden Menschen mit einer Behinderung. Die wahren Willenskraftkünstler sind für mich die Menschen,

„Unerledigte" Emotionen

die es trotz Sorgen, Kummer und vielleicht sogar körperlichem oder emotionalem Leid schaffen, sich nicht aufzugeben und ein zufriedenes Leben zu führen, weil sie sich auf das zu fokussieren, was funktioniert und was gut ist.

Willenskrafthelfer 4: Achtsamkeit

Mahathera Gunaratana, ein buddhistischer Mönch sagt: „*Achtsamkeit strebt nichts an. Sie sieht einfach, was bereits da ist.*“ Wenn Sie sich generell nur schwer auf eine Sache konzentrieren können und dazu neigen, viele Absichten, Gedanken und Gefühle parallel in Ihrem Kopf hin und her zu wälzen, sind Meditation oder Yoga, Wandern oder Joggen in der freien Natur gute Möglichkeiten, sich mithilfe der eigenen Körperwahrnehmung selbst zu fokussieren. Zahlreiche Studien belegen beispielsweise, dass bereits wenige Minuten Meditation pro Tag positive Auswirkungen auf das Konzentrationsvermögen, das Ausblenden von Ablenkungen und die Impulskontrolle (die Fähigkeit, einer Versuchung zu widerstehen) haben. Meditation stellt deshalb eine der einfachsten und wirkungsvollsten Methoden dar, um die biologische Basis der Willenskraft zu verbessern. Und dazu reichen fünf Minuten am Tag aus. Probieren Sie einmal eine der folgenden beiden Varianten einer Atemmeditation aus, die der ältesten Meditationstechnik Indiens, dem über 2500 Jahre alten Vipassana zuzuschreiben sind.

Atemmeditation 1

Nehmen Sie eine bequeme Haltung ein. Dabei ist es vollkommen gleichgültig, ob Sie sitzen, liegen oder stehen. Schließen Sie die Augen oder halten Sie Ihren Blick auf einen Punkt gerichtet (beispielsweise auf eine leere Wand – nicht in irgendeinen Bildschirm). Achten Sie auf Ihren Atem. Sagen Sie in Ihrem Geiste „einatmen", wenn Sie einatmen, und „ausatmen", wenn Sie ausatmen. Wenn Ihre Gedanken abzuschweifen beginnen – und das werden sie –, richten Sie die Aufmerksamkeit wieder sanft auf Ihre Atmung. Dabei ist es hilfreich, sich auf einzelne Körpersignale zu konzentrieren, beispielsweise darauf, wie der Atem durch die Nase aus- und einfließt oder darauf, wie sich die Bauchdecke oder die Brust beim Einatmen heben und beim Ausatmen senken.

Atemmeditation 2

Verlangsamen Sie Ihren Atem auf vier bis sechs Atemzüge pro Minute. Mit ein wenig Übung ist das gut machbar. Sie atmen dann alle zehn bis fünfzehn Sekunden einmal tief ein und wieder tief aus. Stellen Sie zunächst fest, wie oft Sie gewöhnlich in einer Minute atmen. Und dann verlangsamen Sie allmählich die Atmung, ohne den Atem anzuhalten. Achten Sie darauf, langsam und vollständig auszuatmen. Danach gelingt es Ihnen leichter, wieder tief einzuatmen. Bereits bei zwölf Atemzügen pro Minute wird Ihre Herzfrequenzvariabilität steigen und Sie werden sich ruhiger, besser und (willen-)stärker fühlen.

Die Atemmeditation ist der wirkungsvollste Willenskraftverstärker, den es gibt. Außerdem sind nur wenige Wege, Ihre Willenskraft zu stärken, so einfach umsetzbar. Durch kontrolliertes, langsameres Atmen wird der Stresshormonpegel in Ihrem Blut gesenkt, Ihre Herzfrequenzvariabilität steigt und Ihr Willenskraftzentrum im präfrontalen Cortex wird aktiviert. Bereits nach wenigen Minuten werden Sie sich ruhiger fühlen. Und nur fünf Minuten täglich genügen, um Ihre Willenskraft nachhaltig zu stärken.

Das Willenskraftdilemma lösen

Jetzt wird es spannend: Wenn es Ihnen geht wie vielen anderen Menschen auch, dann ist Ihr Tag ausgefüllt und Ihre Restenergie ist äußerst begrenzt. Vielleicht schaffen Sie es gerade noch, auf die Willenskraftdiebe in Ihrem Umfeld zu achten und beim Einkauf nicht zum Light-Produkt zu greifen – weil Sie sich nicht manipulieren lassen wollen. Aber einen Plan aufzustellen oder zu meditieren kostet ebenfalls Willenskraft. Dazu können Sie sich nicht mehr überwinden. Und so verweilen Sie auf der Couch und beim bloßen Entschluss, ein Ziel zu erreichen oder einen Vorsatz umzusetzen. Sie befinden sich in einem Willenskraftdilemma. Denn Sie brauchen Willenskraft, um Ihre Willenskraft gezielt einzusetzen. Es gibt jedoch eine Lösung. Und die lautet: Selbstbelohnung.

Selbstbelohnung

Durch kleine, gezielte Selbstbelohnungen werden Sie sich leichter selbst überwinden, den ersten Schritt zu gehen, und länger auf dem Weg zum Ziel durchhalten. Dabei können Sie von den Fachleuten für Neuromarketing lernen, die es meisterhaft verstehen, Ihr Belohnungssystem zu aktivieren und Sie zum Handeln zu animieren. Sie haben bereits im Kapitel *Achtung: Willenskraftdiebe* das Phänomen des Belohnungsversprechens kennengelernt. Unser Motivationssystem im Gehirn funktioniert da ganz einfach: Allein das Versprechen einer Belohnung regt Ihre Dopaminproduktion an und treibt Sie zum Handeln. Bringen Sie sich selbst zum Handeln, indem Sie anstrengende Tätigkeiten belohnend gestalten und lange Phasen des Belohnungsaufschubs in Etappen einteilen, an deren Ende Sie sich selbst eine Etappenbelohnung setzen.

Willenskrafthelfer 5: Belohnungen einplanen

Anstrengende Tätigkeiten, die Sie üblicherweise vor sich herschieben, können Sie angenehmer gestalten, indem Sie sie mit einem positiven, für Sie belohnenden Impuls kombinieren. Das Neuromarketing spielt mit allen Ihren Sinnen. Tun Sie das auch. Nutzen Sie Melodien, Gerüche, Farben, Bilder – alles, was Ihnen in den Sinn kommt. Beispielsweise können Sie Ihre Lieblingsmusik hören oder ein Modemagazin lesen, während Sie im Fitnessstudio auf dem Laufband trainieren. Ihre tägliche

Prüfungsvorbereitung für den nebenberuflichen MBA können Sie sich mit einer Tasse Tee oder Kaffee, einem wohlriechenden und konzentrationssteigernden Duftöl oder entspannender klassischer Musik angenehmer gestalten.

Sich währenddessen belohnen

Sorgen Sie für einen bequemen Arbeitsplatz, an dem Sie sich gerne aufhalten, wenn Sie beispielsweise Ihre Steuererklärung bearbeiten wollen. Kleiden Sie sich bequem und besorgen Sie sich einen ergonomischen Stuhl, auf dem Sie gut sitzen. Solange die kleinen Belohnungen nicht Ihrem Ziel im Wege stehen, können Sie alles, was für Sie belohnend wirkt, mit den Tätigkeiten kombinieren, die Sie eigentlich ungern durchführen und zu denen Sie sich überwinden müssen. Probieren Sie es einmal aus.

Belohnung für den nächsten Schritt

Schauen Sie in Ihrem Was-Wann-Wie-Plan nach, wie Ihr nächster Schritt auf dem Weg zu Ihrem wichtigen längerfristigen Ziel aussieht. Wenn es Ihnen schwer fällt, diesen Schritt zu gehen, können Sie ihn mit einem belohnenden Impuls kombinieren. Sie könnten beispielsweise Ihre Lieblingsmusik hören, während Sie die Wohnung aufräumen. Überlegen Sie mal, welche anstrengenden Tätigkeiten Sie mit welchen angenehmen Tätigkeiten verknüpfen können.

Schneller Erfolg

Sorgen Sie für einen schnellen, sichtbaren Erfolg bei dem, was Sie sich vorgenommen haben. Wollen Sie beispielsweise eine Fremdsprache erlernen, sollten Sie nicht erst stunden- und tagelang die Grammatik der Sprache büffeln, sondern mit den wenigen gängigen Alltagswörtern beginnen, mit denen Sie sich in nahezu jeder Fremdsprache bereits einigermaßen verständigen können. Und dann sollten Sie so bald als möglich sprechen. Dadurch werden Sie das Erlernen der Sprache als solches als belohnend erfahren.

Etappenbelohnung

In Ihrem Was-Wann-Wie-Plan haben Sie sich Ihren Weg zum Ziel in Etappen eingeteilt. Für längere Durststrecken ist es sehr hilfreich, wenn Sie sich nicht nur während der einzelnen Etappen belohnende Impulse setzen, sondern sich am Ende jeder einzelnen Etappe eine Selbstbelohnung gönnen. Beachten Sie dabei die folgenden drei Selbstbelohnungsregeln:

1. Zeitnahe Selbstbelohnung:
Die Selbstbelohnung muss möglichst zeitnah zur willentlichen Umsetzung einer Absicht erfolgen, damit Sie die Belohnung überhaupt in Verbindung mit der Anstrengung bringen. Bei dem Ziel, zehn Kilogramm abzunehmen, und der Umsetzung der Absicht, zweimal pro Woche Sport zu treiben, können Sie sich nach dem Sport mit etwas belohnen, das Ihnen Spaß macht und Sie nicht anstrengt, beispielsweise mit einem guten Film.

2. Unregelmäßige Selbstbelohnung:
Sie sollten sich nicht regelmäßig nach jeder sportlichen Betätigung selbst belohnen. Wenn Sie ein Verhalten immer und immer gleich belohnen, nimmt die Belohnungswirkung mit der Zeit ab und Sie erleben kein Belohnungsgefühl mehr. Jedes Mal nach dem Fitnessstudio einen Film zu schauen hält Sie nicht bei der Stange. Einmal einen Film ansehen, das nächste Mal keine Belohnung, dann ein gutes Buch lesen oder Freunde treffen – variieren Sie Ihre Selbstbelohnung.

3. Angemessene Selbstbelohnung:
Ihre Selbstbelohnungen sollten Ihrer Anstrengung angemessen, das heißt verhältnismäßig sein. Eine große Selbstbelohnung für eine kleine Anstrengung wirkt eher demotivierend und schwächt Ihren Willen. Ein teurer Einkauf nach 20 Minuten auf dem Laufband ist vermutlich unverhältnismäßig. Ein Wellness-Wochenende mit dem Partner, nachdem Sie Ihr Ziel erreicht und zehn Kilogramm abgenommen haben, kann hingegen angemessen sein.

Zieldienliches Verhalten belohnen

Behandeln Sie sich gut und belohnen Sie sich auf dem Weg zu Ihrem Ziel immer wieder selbst. Überlegen Sie jetzt konkret, womit Sie sich selbst eine angemessene kleine Freude bereiten können, um sich ein anstrengendes Verhalten auf dem Weg zum Ziel zu erleichtern. Und dann planen Sie für das nächste Mal, wenn es Ihnen gelingt, sich zieldienlich zu verhalten, genau diese Selbstbelohnung ein. Beobachten Sie, ob es Ihnen damit leichter fällt, sich selbst zu überwinden, weil Sie sich auf die Selbstbelohnung freuen.

Von Leistungssportlern lernen

Lernen Sie auch hier von Leistungssportlern, Künstlern oder Wissenschaftlern: Allein durch die intensive Vorstellung der Zielerreichung schütten deren Gehirne so viele Belohnungsstoffe aus, dass sie längere Durststrecken mit Anstrengungen, Verlockungen und auch Rückschlägen besser durchhalten können. Sie nutzen dafür die Macht einprägsamer Bilder und führen sich möglichst klar und deutlich vor Augen, wie es aussehen und wie es sich anfühlten wird, beispielsweise einen Forschungspreis zu erhalten, tosenden Applaus nach einem Konzert zu bekommen oder einen Wettkampf zu gewinnen. Diese imaginative Selbstbelohnung ist hochwirksam, sie ist jederzeit und überall möglich und überdies kostenfrei. Sie können das auch. Stellen Sie sich detailliert vor, wie es sich anfühlen wird, wenn Sie beispielsweise in einem Jahr Ihren Mastertitel tragen dürfen, fließend Englisch sprechen, zehn Kilogramm abgenommen haben oder mehr Zeit mit Ihren Kindern verbracht haben. Im Kapitel *Die Kraft von Innen* finden Sie weitere Tipps, wie Sie die Macht Ihres Unbewussten dazu nutzen können, um Ihre Ziele leichter zu erreichen.

Willenskrafthelfer 6: Der Zehn-Minuten-Trick

Wenn es darum geht, einer Versuchung zu widerstehen, gibt es einen wirkungsvollen Trick, der es Ihnen ermöglichen wird, leichter zu verzichten: Der Zehn-Minuten-Trick. Warten Sie zehn Minuten, bevor Sie ein unmittelbares Bedürfnis befriedigen. Wenn Sie beispielsweise Heißhunger auf Schokolade verspüren und der Impuls groß ist, sofort aufzustehen, zum Kühlschrank zu gehen und einige Löffel Schokoladenpudding zu essen, dann sagen Sie sich: „*Stopp. Ich warte zehn Minuten. Wenn mein Wunsch nach zehn Minuten immer noch so stark ist, kann ich der Versuchung nachgehen.*“ Rufen Sie sich aber während der zehn Minuten Wartezeit das wichtige längerfristige Ziel ins Gedächtnis, das Sie erreichen, wenn Sie der Versuchung widerstehen, etwa: „*Ich will bis zum Sommer zehn Kilogramm abnehmen, um in meinen roten Bikini zu passen, am Strand eine gute Figur zu machen und mich wohl zu fühlen.*“

Wie zehn Minuten Wartezeit wirken

Neurowissenschaftler haben herausgefunden, dass bereits zehn Minuten Wartezeit die Art, wie unser Belohnungszentrum im Gehirn reagiert, entscheidend verändern. Wenn eine unmittelbare Befriedigung erst mit zehnminütiger Verzögerung in Aussicht steht, behandelt das Gehirn sie wie eine zukünftige Belohnung. Dadurch wirkt das Belohnungsversprechen weniger stark, wodurch der unwiderstehliche biologische Impuls nach einer sofortigen Bedürfnisbefriedigung ausbleibt.

Kennen Sie das Zehn-Minuten-Phänomen schon?

Überlegen Sie einmal, ob Sie das Zehn-Minuten-Phänomen nicht vielleicht sogar schon kennen. Kam es schon einmal vor, dass Sie beispielsweise ein unwiderstehliches Bedürfnis nach Schokolade hatten und auf dem Weg zur Küche das Telefon klingelte? Vielleicht haben Sie circa zehn Minuten mit Ihrer Freundin telefoniert und sogar über den Sommerurlaub gesprochen – und nach dem Telefongespräch war das unstillbare Verlangen nach Schokolade verschwunden.

Distanz schaffen

Um bei einer Versuchung den Zehn-Minuten-Trick durchzuhalten, ist es sehr hilfreich, wenn Sie eine räumliche oder visuelle Distanz zu den Objekten der Begierde schaffen. Erinnern Sie sich an den Marshmallow-Test im Kapitel *Der Schlüssel zum Erfolg*: Die Kinder, die die Süßigkeit direkt vor ihren Augen hatten und sie anstarrten, schafften es nicht, zu widerstehen. Also machen Sie es sich leicht, gestalten Sie sich Ihr Umfeld bewusst.

Anstrengung begrenzen

Den Zehn-Minuten-Trick können Sie übrigens auch anwenden, um sich selbst leichter für eine anstrengende Aufgabe zu überwinden, beispielsweise um Englisch zu lernen. Formulieren Sie die Regel dann wie folgt um: „*Ich mache es jetzt zehn Minuten lang. Wenn ich nach diesen zehn Minuten nicht mehr will, kann ich aufhören.*“ Auch hier gilt, dass Sie sich während der zehn Minuten das wichtige längerfristige Ziel ins Gedächtnis rufen sollten, das Sie erreichen werden, wenn Sie die anstrengende Tätigkeit ausführen, beispielsweise: „*Ich will, bis der neue Chef aus England kommt, fließend Englisch sprechen können, um beruflich weiterzukommen.*“ Wenn Sie erst einmal angefangen haben, entwickelt die Tätigkeit in Verbindung mit Ihrem Ziel und der Selbsterlaubnis, nach zehn Minuten wieder aufhören zu dürfen, oft einen Sog – und Sie wollen nach zehn Minuten gar nicht mehr aufhören. Das ist wie mit der Sporttasche, die gepackt im Auto darauf wartet, zum Einsatz zu kommen. Wenn Sie den Anfang vor dem Anfang setzten (vgl. Kapitel *Ein guter Plan*), wird es Ihnen viel leichter fallen, sich selbst zu überwinden.

Sie haben sich einmal überwunden und eine Englischlektion gelernt. Nun sind Sie guter Dinge, dass Sie dranbleiben und die zweite und dritte und vierte Lektion ebenso angehen und regelmäßig lernen werden. Wo ein Wille ist, ist auch ein Weg – aber wo eine Verlockung ist, ist auch die Lust, ihr nachzugeben. Und beim nächsten Mal schlagen Sie gegen Ihren Willen nicht das Englischbuch auf, sondern schalten den Fernseher ein. Wer an seinen eigenen Grenzen operiert, muss sich so lange immer wieder aufs Neue selbst überwinden, bis eine neue Verhaltensweise anstrengungsfrei geworden ist. Besonders wenn Sie eine lange Durststrecke des Belohnungsaufschubs vor sich haben, brauchen Sie dazu neben einem guten Plan, der bewussten Steuerung Ihrer Aufmerksamkeit und der Strategie der Selbstbelohnung eine weitere gute Taktik, um es sich zu erleichtern, Ihre Willenskraft aufrechtzuhalten. Diese Taktik heißt automatisieren: Wiederholen Sie eine neue Verhaltensweise so lange, bis sie zur Gewohnheit geworden ist und automatisch abläuft.

Automatisieren

Auch der längste Marsch beginnt mit dem ersten Schritt.

LAOTSE

Etwas zu tun, fällt Ihnen dann leicht, wenn es Ihnen Spaß macht oder wenn Sie gar nicht mehr darüber nachdenken müssen, ob Sie es tun wollen. 90 Prozent von dem, was Sie tagein, tagaus tun und denken, geschieht unbewusst. Sie denken überhaupt nicht darüber nach, ob und wie Sie es tun, weil die entsprechenden Prozesse in Ihrem Gehirn automatisch ablaufen – wie ein Autopilot im Flugzeug. Ein Beispiel dafür ist das Lesen.

SEI GAULBEN DAS NCHIT? DNNA LSEN SEI DCHO EIFNACH DEISEN KRUZEN TXET. VRESTEHNE SEI, WSA HRIE STEHT?

Binnen Millisekunden formt Ihr Gehirn aus diesem Buchstabensalat einen verständlichen Satz, weil Sie die Fähigkeit zu lesen durch jahrelanges Einüben hochautomatisiert haben. Das Gleiche gilt für alle alltäglichen Verhaltensweisen, zum Beispiel Zähneputzen, sich anziehen, Treppen steigen, Autofahren, Computer hochfahren oder duschen. Sie brauchen dazu so gut wie keine Aufmerksamkeit mehr, weil Sie dieses alltägliche Verhalten durch wiederholte Ausführung automatisiert haben. Selbst wenn es sich dabei um Tätigkeiten handelt, die Ihnen nur mäßig oder überhaupt keinen Spaß machen, strengt es Sie nicht sonderlich an. Für etwas, das Sie nicht anstrengt, benötigen Sie auch weniger Selbstüberwindung und damit weniger Willenskraft. Wenn Sie mehr von dem erreichen wollen, was Sie sich vornehmen, können Sie versuchen, ein neues, anstrengendes Verhalten, das Sie Ihrem Ziel näher bringen wird, in Ihren Alltag zu integrieren, es zu automatisieren. Das ist das neunte Geheimnis der Willenskraft.

Wenn wir ein neues Verhalten automatisieren, fällt es uns zunehmend leichter.

Automatisieren heißt einüben

Automatisierung ist der Schlüssel zu mehr Durchhaltevermögen. Automatisierung kommt aber nicht durch einen einmaligen Selbstüberwindungsruck zustande („*Ich will, dass etwas zur Gewohnheit wird*"), sondern nur durch Wiederholung und Einübung. Der Psychologe Donald O. Hebb hat bereits 1949 herausgefunden, dass unser Gehirn in Abhängigkeit von der Benutzung synaptische Verbindungen zwischen den Nervenzellen aufbaut oder kappt („*Cells that fire together, wire together*"). Neurobiologen wie Gerald Hüther sprechen heute von der „*experience dependent plasticity of neuronal networks*", der Plastizität unseres Gehirns. Je nachdem, was wir immer wieder denken, was wir immer wieder empfinden und was wir immer wieder tun, verschalten sich unsere Nervenzellen.

Wenn wir Handlungen oft genug wiederholen, entstehen neue Verschaltungen im Gehirn. So automatisieren wir Verhalten durch Übung.

Ihr Hirn ist eine dynamische Baustelle. Sie sind zeitlebens in der Lage, sich zu verändern, indem Sie neue Dinge denken und neue Dinge tun. Gehirnforscher wie Gerhard Roth gehen davon aus, dass es sechs bis neun Monate dauert, um eine neue Verhaltensweise soweit einzuüben, dass sie *auf Autopilot* wie von allein abläuft. Für die Ausführung eines automatisierten Verhaltens ist so gut wie keine Selbstüberwindung mehr nötig. Die Energie, die Sie zur willentlichen Ausführung eines Verhaltens brauchen, nimmt mit steigendem Automatisierungsgrad ab. Je häufiger und regelmäßiger Sie ein Verhalten wiederholen, desto weniger anstrengend wird es für Sie. So wie Zähneputzen oder Gehen, beides Tätigkeiten, die Sie seit Ihrer frühen Kindheit automatisiert haben und die deshalb keine Aufmerksamkeit und keine Selbstüberwindung mehr kosten.

Es dauert etwa sechs bis neun Monate, bis eine neue Verhaltensweise automatisiert abläuft.

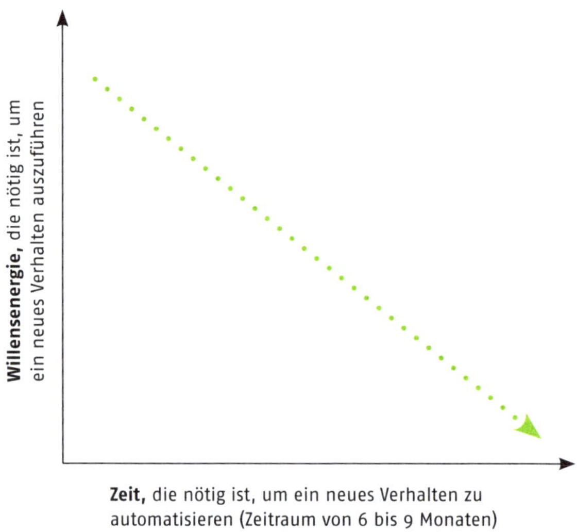

Abbildung 5: Verhältnis von Energieeinsatz und Automatisierungsgrad eines Verhaltens

Zähneputzen mal anders

Mit welcher Hand putzen Sie sich die Zähne, mit der rechten oder der linken? Wechseln Sie heute Abend die Hand! Putzen Sie sich heute mit der anderen Hand die Zähne und achten Sie darauf, wie ungewohnt sich das anfühlt und wie viel Aufmerksamkeit und bewusste willentliche Anstrengung es Sie kostet. Und dann wechseln Sie die Hand wieder. Sie werden sofort spüren, wie angenehm einfach die Bewegungen mit der gewohnten Hand möglich sind. Neue Verhaltensweisen strengen zunächst an. Aber sie können so lange wiederholt und eingeübt werden, bis sie als Gewohnheit automatisch ablaufen – wie das Zähneputzen mit der gewohnten Hand.

Willenskrafthelfer 7: Gewohnheiten entwickeln

Wiederholung ist der Schlüssel zur Automatisierung. Überlegen Sie einmal, welche Ihrer Verhaltensweisen bereits automatisiert sind und wie lange und wie oft Sie das jeweilige Verhalten wiederholt haben, bis es zu einer anstrengungsfreien Gewohnheit geworden ist. Zum Beispiel Autofahren. Erinnern Sie sich noch an Ihre erste Fahrstunde und daran, wie anstrengend es war, gleichzeitig auf all das zu achten, was beim Autofahren wichtig ist? Und wie ist das heute, nach vielen tausend Kilometern Übung? Heute fahren Sie mit 150 km/h auf der Autobahn oder finden Ihre Wege im dichtesten Stadtverkehr und führen parallel Beziehungsdiskussionen über Ihre Freisprecheinrichtung, vielleicht läuft obendrein noch das Radio. Ähnlich verhält es sich mit dem Lesen: In der ersten Klasse haben Sie mühsam einen Buchstaben an den anderen gereiht und so über viele Monate hinweg gelernt, flüssig zu lesen. Heute lesen Sie so gut, dass es Ihnen schwerfällt, es zu unterdrücken. Diese Erfahrung haben Sie im Willenskraftexperiment Farbwort-Test am Anfang des Buches und beim Entschlüsseln des Buchstabensalats am Anfang dieses Kapitels gemacht.

Eine Gewohnheit aufbauen

Sie können Ihre Willenskraft stärken, indem Sie täglich etwas tun, das Sie bislang noch nicht getan haben, und auf diese Art eine neue Gewohnheit aufbauen. Beispiele: fünf Minuten Atemmeditation am Tag (vgl. Kapitel *Aufmerksamkeit steuern*) oder abends vor dem Einschlafen drei Minuten bewusst lächeln. Führen Sie dieses neue Verhalten konsequent jeden Tag aus. Beobachten Sie, wie Sie sich bereits nach wenigen Wochen ruhiger und (willens-) stärker fühlen.

Alles, was im Leben spielend leicht aussieht, hat mit Einüben und Wiederholen zu tun. Am Anfang ist jede neue Verhaltensweise anstrengend – für jeden von uns.

Spitzenleistung und Routine

Was in unserem Gehirn passiert, wenn wir ein Verhalten automatisieren, können wir wieder sehr gut bei Profisportlern, Weltklassemusikern und anderen Spitzenleistern beobachten. Untersuchungen der Hirnaktivitäten von Frauen und Männern, die in dem, was Sie tun, Weltklasse sind, zeigen, dass die für die jeweilige Spitzenleistung zuständigen Hirnregionen wenig beansprucht werden, während diese Menschen das tun, was sie am besten können. Den Laien überraschen diese Untersuchungsergebnisse, denken wir doch, dass beispielsweise der brasilianische Profifußballer Neymar für seine perfekte Ballkontrolle die volle Aufmerksamkeit und damit eine hohe Hirnaktivität benötigt. Doch das Gegenteil ist der Fall: Neymars Gehirn läuft *auf Autopilot*, während er mit dem Ball zaubert.

Wie ist das möglich? Neymar und andere Profifußballer verdanken ihre perfekte Ballkontrolle einer ungewöhnlich großen Routine, und diese Routine ist das Ergebnis von tausenden Stunden Training. Erinnern Sie sich an David Garrett, den Weltstar mit der Geige, und die 10.000-Stunden-Faustregel des Psychologen K. Anders Ericsson? Spitzenleistung kommt durch Übung zustande und Spitzenleister üben mehr, viel mehr als andere. Neymar beansprucht beim Fußballspielen in den für die Fußbewegungen zuständigen Hirnregionen nur sehr wenig neuronale Ressourcen. Eine geringere Gehirnaktivität bedeutet eine geringere Belastung des Gehirns. Dadurch ist es möglich, gleichzeitig verschiedene komplexe Bewegungen auszuführen. Das verleiht Spitzensportlern wie Neymar die Fähigkeit, seine Balltricks anzuwenden, und nur deshalb sieht es so spielerisch aus, wenn er mit dem Ball brasilianisch zaubert. Ohne ein umfangreiches Training schafft es auch der talentierteste Fußballer nicht, den Ball so kontrolliert zu spielen wie Neymar.

Erfolg auf Autopilot

Wenn Sie so routiniert Englisch sprechen wollen, wie Sie heute beispielsweise eine Treppe nach oben steigen, dann müssen Sie so lange üben Englisch zu sprechen, wie Sie es als Kind geübt haben, einen Schritt vor den anderen zu setzen. Nur wenn ein Verhalten durch wiederholtes Üben vertrauter und damit einfacher wird, verlagert sich die für die Ausführung des Verhaltens notwendige neuronale Aktivität vom Bewussten zum Unbewussten. Kognitionswissenschaftler sprechen hier von der Übertragung des Verhaltens vom Top-down- zum Bottom-up-System. Die neuronale Übertragung von oben nach unten macht sich dadurch bemerkbar, dass wir einer ehemals neuen und anstrengenden Tätigkeit immer weniger und schließlich überhaupt keine Aufmerksamkeit mehr widmen müssen – sie läuft dann automatisch ab wie das Treppensteigen.

Durch andauernde Übung können wir auch anspruchsvolle Aufgaben wie Autofahren, Fußball oder Geige spielen, Bergsteigen oder Englisch sprechen automatisieren. Wenn wir nicht genug geübt haben, erfordert all dies bewusste Konzentration. Dann strengt es uns an, das Verhalten auszuführen. Beherrschen wir aber die jeweilige Fähigkeit durch ständiges Üben immer besser, erfordert sie keine große geistige Anstrengung mehr und das Verhalten läuft anstrengungsfrei ab. Unsere Aufmerksamkeit wird dann für andere Dinge frei. So wie bei einem Profifußballer, der sich auf seine routinierten Techniken verlassen und dadurch kreativ den Spielverlauf gestalten kann.

Kung Fu

Eindrucksvoll beobachten können wir dieses Phänomen auch im Shaolin Kung Fu. Durch wiederholtes Üben der einzelnen Kung-Fu-Technik („Kung Fu" bedeutet übrigens *„etwas durch harte, geduldige Arbeit Erreichtes"*) wird ein Schlag oder ein Block nahezu reflexartig und deshalb blitzschnell ausgeführt. Das funktioniert nur, ohne darüber nachzudenken. Würde der Shaolin-Mönch erst darüber nachdenken, wie er einen Angriff am besten kontert, wäre er vermutlich tot, bevor er die Technik ausführen könnte.

Neue Gewohnheiten entstehen also, indem wir neue Verhaltensweisen einüben. Unser Gehirn hilft uns dabei, denn es will Verhalten automatisieren, das heißt Gewohnheiten ausbilden, weil es dadurch Energie sparen kann. Aber Sie ahnen wahrscheinlich schon, wo der Haken an der Sache ist: Wir haben bereits viele Verhaltensweisen automatisiert und zur Gewohnheit werden lassen. Leider oft zu einer schlechten Gewohnheit, gegen die kein Kraut gewachsen zu sein scheint.

!

Viele unserer bereits automatisierten Verhaltensweisen sind leider keine erwünschten, sondern schlechte Gewohnheiten.

Neue Trampelpfade anlegen

Schokolade essen statt Gemüse, fernsehen statt lesen oder auf der Couch sitzen statt ins Fitnessstudio zu gehen sind nur einige Beispiele für unerwünschtes automatisiertes Verhalten. Für jede (schlechte) Gewohnheit gibt es einen neuronalen Pfad. Diese neuronale Pfade sind wie Trampelpfade: Man sieht, wo es langgeht, und es ist bequem, ökonomisch und meist auch nützlich, immer wieder dieselben Wege zu gehen. Will man sich aber beispielsweise den beiläufigen Griff zur Schokolade oder zur Fernbedienung abgewöhnen, muss der Trampelpfad durch einen neuen ersetzt werden, sonst ist der Rückfall in die unerwünschte Gewohnheit vorprogrammiert. Denn Ihr Gehirn will Sie immer über die anstrengungsfreien Trampelpfade führen, um Energie zu sparen. Da automatisiertes Verhalten so angenehm für uns ist, ist es sehr schwierig, schlechte Gewohnheiten zu verlernen und ein neues Verhalten zur Gewohnheit aufzubauen. Eine Verhaltensänderung hat nur dann eine Chance, wenn das neue Verhalten (in Zukunft) eine stärkere Belohnung verspricht als das Festhalten am gewohnten Verhalten.

! Wenn ein neues Verhalten eine stärkere (zukünftige) Belohnung verspricht als das Festhalten am Gewohnten, kann es gelingen, neue neuronale Trampelpfade anzulegen.

Ihre Gewohnheit können Sie mit einem Trampelpfad auf dem Nachhauseweg vergleichen: Natürlich gibt es auch eine Straße, die führt jedoch um den Bahnhof herum. Der Trampelpfad verläuft direkt vom Bahnhof zu Ihrem Wohnhaus. Also gehen Sie den Trampelpfad, den Sie immer nehmen und der Sie schneller und bequemer nach Hause bringt. Die Straße nehmen Sie nur dann, wenn Sie auf dem Nachhauseweg noch etwas einkaufen wollen. Auf dem Trampelpfad gibt es nämlich keinen Supermarkt, an der Straße schon – das verspricht eine Belohnung.

Neue Gewohnheiten entwickeln

Um ein neues Verhalten zu automatisieren, müssen Sie es regelmäßig wiederholen und damit einüben. Dazu sollten Sie wenige und möglichst konkrete Situationen auswählen, in denen Sie die neuen Verhaltensweisen täglich oder sogar mehrmals täglich einüben können. Benutzen Sie zum Beispiel wiederholt die Treppe statt den Aufzug. Machen Sie das solange, bis Sie überhaupt nicht mehr darüber nachdenken, ob es einen Aufzug gibt.

Kaufen Sie wiederholt etwas anderes als Schokolade. Machen Sie das solange, bis Sie überhaupt nicht mehr an Schokolade denken. Schalten Sie den Fernseher wiederholt bewusst erst zu einem Spielfilmbeginn ein und lassen ihn nicht zur Dauerberieselung nebenher laufen. Wenn Sie konsequent vorgehen, dauert es sechs bis neun Monate und Sie haben es geschafft.

Eingeschliffene Verhaltensweisen zu ändern ist schwer. Bei dem Versuch, über sechs bis neun Monate ein neues Verhalten zu automatisieren und ein Ziel zu erreichen, kommen Sie wahrscheinlich immer wieder an Ihre Grenzen und in Situationen, in denen etwas nicht klappt. Es ist nur verständlich, dass dabei irgendwann die Kraft, sich selbst zu überwinden und durchzuhalten, verloren gehen kann. Denn Rückschläge, Niederlagen und Frustration auszuhalten ist eine echte Herausforderung. Wenn Sie akzeptieren, dass jeder Weg mit einem ersten kleinen Schritt beginnt und Ihnen niemand diesen ersten Schritt und den Weg abnehmen kann, werden Sie mehr Willenskraft für Ihre Ziele mobilisieren. Wer von vornherein einplant, dass eine Zielerreichung auch anstrengend und zeitweise frustrierend sein kann, hält länger durch. Bedenken Sie, dass Ihr Weg erst dadurch entsteht, dass Sie ihn gehen (frei nach Franz Kafka). Machen Sie sich auf Ihrem Weg bewusst, dass jedes Ziel einen Preis hat. Es ist sehr sinnvoll, ehrlich zu sein und sich bei jedem Ziel zu fragen, ob man bereit und fähig ist, den Preis dafür zu zahlen.

Und dann passiert das Leben

Sie haben Ihr Ziel vor Augen und steuern Ihre Aufmerksamkeit entlang Ihres guten Plans. Unterwegs belohnen Sie sich nach allen Regeln der (Neuromarketing-)Kunst selbst und es fällt Ihnen durch Wiederholung und Automatisierung der neuen Verhaltensweise tatsächlich immer leichter, sich selbst zu überwinden und dranzubleiben. Sie wittern Morgenluft und haben das Gefühl: *„Diesmal klappt es."* Und dann passiert das Leben. Wie gehen Sie damit um, wenn Sie auf Ihrem Weg zum Ziel unvorhergesehene Vorkommnisse traurig oder wütend machen, enttäuschen oder frustrieren? Was machen Sie beispielsweise, wenn der Chef Sie anschreit und abmahnen will, die Oma ins Altersheim kommt, Sie mit Ihrem Partner streiten oder das Kind krank wird? Schnell fühlen wir uns zu schwach, um an unserem Ziel festzuhalten und die notwendigen Dinge zu tun, oder wir nehmen das Vorkommnis als gute Ausrede dafür, dass es heute „*wirklich nicht geht*". Die Fähigkeit, konstruktiv mit negativen Gefühlen umzugehen und sich trotz Schwierigkeiten und Niederlagen in eine positive Stimmung zu bringen, gibt Ihnen die Kraft, auf Ihrem Weg zu bleiben. Und diese Fähigkeit können Sie erlernen.

Emotionen regulieren

Die größte Gefahr für unsere Willenskraft und damit für unsere Ziele geht nicht von unserer Faulheit oder unserer Unbeherrschtheit aus. Wir haben gelernt unser tierisches Programm „Anstrengung vermeiden" und „Lust maximieren" durch viele Tricks recht gut zu kontrollieren. Aber das gelingt uns nur, solange es uns emotional gut geht. Je nachdem, ob wir uns auf ein Ziel konzentrieren oder ob wir unsere zwischenmenschlichen Verhältnisse und unser emotionales Befinden überprüfen, werden unterschiedliche neuronale Netzwerke aktiv. Und diese hemmen sich gegenseitig. Die größte Gefahr für ein gelingendes Leben geht deshalb von Gefühlen und Gedanken aus, die uns in emotionale Alarmbereitschaft versetzten. Wenn wir traurig, wütend, ängstlich, niedergedrückt, gekränkt, enttäuscht oder frustriert sind und diese Gefühle nicht regulieren können, hat unsere Willenskraft Sendepause. Das ist das zehnte Geheimnis der Willenskraft.

Nur wer seine Gefühle regulieren kann, hat dauerhaft Zugriff auf seine Willenskraft.

Negative Gefühle schwächen unsere Willenskraft. Denn unser Körper schüttet bei negativen Gefühlen – gleichgültig, wodurch sie entstehen – Unmengen Noradrenalin und Cortisol aus. Diese Neurobotenstoffe blockieren unseren präfrontalen Cortex und hemmen damit unsere Willenskraft. Damit Ihnen das nicht passiert, können Sie die folgenden drei Schritte zur Emotionsregulation beachten.

1 Selbstwahrnehmung:
In einem ersten Schritt ist es sinnvoll zu prüfen, woher negative Gefühle eigentlich kommen. Nutzen Sie dazu wieder die Methode der Selbstbeobachtung und richten Sie Ihre Aufmerksamkeit nach innen.

Dem Ursprung von Gefühlen nachspüren

Woher kommen Ihre negativen Gefühle? Vielleicht sind Sie frustriert, weil Sie nicht so zügig vorankommen, wie Sie geplant haben? Oder liegt der Ursprung der belastenden Emotionen in der Beziehung zu anderen Menschen – gleichgültig, ob in der Arbeit, der Familie oder der Freizeit? Vielleicht sind Sie wütend auf Ihren Chef, weil er Ihnen kurz vor dem Wochenende noch eine Aufgabe übertragen hat? Eine dritte Quelle negativer Gefühle sind Sorgen, die Sie sich um sich selbst machen, beispielsweise um Ihre Gesundheit oder um Ihre Finanzen. Sobald Sie feststellen, dass negative Gefühle Sie davon ablenken, das zu tun oder zu lassen, was für die Zielerreichung notwendig wäre, sollten Sie sich ein Stück Papier nehmen und notieren, um welche Gefühle es sich handelt und woher sie kommen.

2. Akzeptanz:
Der zweite Schritt zur Emotionsregulation liegt darin, die wahrgenommenen, benannten und zugeordneten negativen Gefühle zunächst einmal zu akzeptieren: „*Okay, so ist es, ich bin frustriert. Ich bin wütend. Ich habe Angst.*“ Ziel bei der Steuerung

Ihrer Gefühle ist es nicht, Ängste, Selbstzweifel, Traurigkeit oder andere negative Gefühle loszuwerden, sondern das Vertrauen zu entwickeln, dass Sie mit diesen schwierigen Empfindungen und Gedanken umgehen können.

Bei der Emotionsregulation geht es darum, Vertrauen zu entwickeln, dass wir mit belastenden Emotionen umgehen können.

Es hilft Ihnen nicht, wenn Sie die Emotionen durch einen Akt des Willens abschütteln oder unterdrücken wollen („*Ich will jetzt aber nicht frustriert sein*"). Denn wie Sie bereits gesehen haben, ist die Kontrolle unserer Emotionen schwierig. Sie haben zwar Einfluss auf Ihr Denken und Handeln, aber Sie können sich nicht dazu zwingen, nicht frustriert zu sein, wenn Sie ein Etappenziel verfehlen, glücklich zu sein, wenn Sie krank sind, jemanden zu lieben, den Sie nicht riechen können, oder unbeschwert zu sein, wenn Sie ein finanzielles Problem haben.

3. Strategieänderung:
Der dritte Schritt ist entscheidend. Normalerweise verwenden wir zur Abwehr negativer Gefühle indirekte Strategien, etwa indem wir uns durch andere Gedanken ablenken. Wir sehen fern, surfen im Internet, futtern Schokolade, gehen auf Shoppingtour oder betrinken uns. Das ist zwar menschlich, aber nicht zielführend. Denn unsere Sorgen holen uns immer wieder ein und die Gedanken daran drängen sich in den Vordergrund. Das ist auch wichtig, denn dadurch denken wir darüber nach, was wir in der jeweiligen Angelegenheit, die uns emotional belastet und unglücklich macht, unternehmen können. Es gilt nun, Strategien anzuwenden, bei denen Sie gesünder mit Ihren Gefühlen umgehen, als wenn Sie diese bloß abwehren.

Willenskrafthelfer 8: Umgang mit Gefühlen

Strategie 1: Sieg oder Niederlage

Geht es um Sieg oder Niederlage, können Sie Ihre Schaltkreise für emotionale Beschäftigung vorübergehend abschalten. Erinnern Sie sich an Neymar, den brasilianischen Spitzenfußballer, der im WM-Achtelfinalspiel gegen Chile beim Elfmeterschießen den Druck einer ganzen Nation ausblendete und den Elfmeter erfolgreich schoss? Dieselbe Strategie können Sie auch anwenden. Nutzen Sie dazu den Zeigarnik-Effekt und schließen Sie das Gefühl, das Sie belastet, vorübergehend ab, indem Sie auf einem Zettel einige Stichworte notieren, was Sie konkret machen werden, wenn Sie sich wieder diesem Gefühl zuwenden. Auf diese Weise erlauben Sie sich, während der benötigten Zeitspanne konzentriert Ihr Ziel zu verfolgen. Sehr willensstarke Menschen können im Alltag blitzschnell umschalten zwischen der Konzentration auf ihr emotionales Befinden und den Zielen, die sie verfolgen. Sie schalten zwischen den beiden neuronalen Netzwerken um, als würden sie mit der Fernbedienung den Fernsehsender wechseln. Dazu lenken sie bewusst ihre Aufmerksamkeit. Denn sie wissen und fühlen, dass es beispielsweise nicht weniger Druck bedeutet, wenn sie den Elfmeter nicht schießen. Auch Ihnen sollte bewusst sein, dass Sie in einer mentalen Endlosschleife stecken bleiben, wenn es Ihnen nicht gelingt, Ihre Aufmerksamkeit von negativen Gefühlen wegzulenken. Sie sollten dann zumindest keine wichtigen Verhandlungen führen, keine wichtigen Prüfungen absolvieren, keine weitreichenden Entscheidungen treffen und keine Elfmeter bei einer Fußball-Weltmeisterschaft schießen.

Strategie 2: Stimmungsaufhellung

Geht es nicht unmittelbar um Sieg oder Niederlage, sollten Sie zunächst damit anfangen, zieldienlichere Strategien zu nutzen, um Ihre Stimmung aufzuhellen. Fernsehen, Alkohol, Frustessen oder Powershoppen helfen Ihnen nicht wirklich weiter. Wenden Sie Ihre neue Gewohnheit, die Atemmeditation oder das Lächeln an, um ruhiger zu werden und sich besser fokussieren zu können. Gehen Sie in der Natur spazieren, um auf andere Gedanken zu kommen. Treiben Sie ausgiebig Sport, um den Neurobotenstoff-Cocktail aus Noradrenalin und Cortisol in Ihrem Blut abzubauen. Verbringen Sie Zeit mit Ihren Freunden. Ihre Aufmerksamkeit von den negativen Gedanken abzuwenden, ist eine wichtige Voraussetzung, um Ihre Stimmung zu verbessern.

Strategie 3: Langfristige Emotionsregulation

Langfristig ist es sinnvoll, zu schauen, ob Sie an der Quelle der negativen Gefühle ansetzen können. Prüfen Sie deshalb immer auch, ob Sie beispielsweises direkt das Gespräch mit der Person suchen können, die einen Anteil an Ihrer negativen Stimmung hat. Oder ob Sie auf die Dinge, die Sie sorgen, beispielsweise Ihre finanzielle Situation, direkt Einfluss nehmen können. Sollte Ihre schlechte Laune etwas mit Ihrem Zielstreben zu tun haben, können Sie sich Ihren Plan vornehmen und prüfen, ob Sie sich unrealistische Etappenziele gesetzt haben. Schauen Sie auch, ob Sie vielleicht Ihre Aufmerksamkeit und damit Ihre Willenskraft mehr als notwendig strapazieren, weil Sie äußere Ablenkungen nicht abgeschafft oder ausgeblendet haben. Und überprüfen Sie die Praxis Ihrer Selbstbelohnung. Können Sie daran etwas verbessern?

Körperliche Verfassung

Eine wichtige Rolle für eine funktionierende Emotionsregulation spielt Ihre körperliche Verfassung. Sie haben den schnellsten Zugang zu guten Gefühlen, wenn Ihre biologischen Bedürfnisse wie essen, trinken, schlafen, Sexualität und Wärme befriedigt sind und wenn Sie sich körperlich fit fühlen. Bereits eine Erkältung oder eine überwältigende Müdigkeit, großer Hunger oder Durst schwächen Ihren Organismus und damit Ihre Willenskraft. Wer sich kraftlos und schlapp fühlt, traut sich weniger zu und hat oft nicht den nötigen Biss, um seine Absichten in die Tat umzusetzen. Wer abends zu viel Alkohol trinkt oder generell zu wenig schläft, kämpft morgens beim Aufstehen mit der Müdigkeit. Wer zu viel isst, kämpft mit dem Völlegefühl und oftmals mit Konzentrationsproblemen. Wer sich zu wenig bewegt, kämpft häufig mit Verspannungen und Rückenschmerzen. Kämpfen Sie nicht gegen Ihren Körper und Ihre Gefühle, sondern für Ihre Ziele!

Wer seine volle Willenskraft nutzen möchte, um Ziele zu erreichen, sollte auf eine gute körperliche Verfassung achten.

Selbstvertrauen

Eine gute körperliche Verfassung steigert auch Ihr Selbstvertrauen – den Glauben an sich selbst. Dadurch haben Sie mehr Kraft, Widerstände und Hindernisse auf dem Weg zum Ziel als machbare Herausforderung anzusehen. Psychologen nennen dieses Phänomen „Selbstwirksamkeit“ – die Erwartung, selbst zur Lösung eines Problems beitragen zu können.

Willenskrafthelfer 9: Selbstwirksamkeit

Menschen mit einer hohen Selbstwirksamkeit sind davon überzeugt, dass sie in der Lage sind, trotz Hindernissen oder Verlockungen ihre Ziele erfolgreich zu erreichen. Wer hingegen unsicher ist, ob er das, was er sich vornimmt, schaffen kann, hat eine geringe Selbstwirksamkeit. Absichten und Pläne umzusetzen und Ziele zu erreichen fällt diesen Menschen schwerer, da sie immer wieder an sich selbst und ihrer Sache zweifeln. Auch bei Selbstzweifeln handelt es sich um negative Gefühle, die den präfrontalen Cortex blockieren. Um Ihre Selbstwirksamkeit zu steigern, können Sie die Erkenntnisse des Psychologen Albert Bandura nutzen. Er hat die folgenden vier Quellen der Selbstwirksamkeit erforscht:

1. Meistern schwieriger Situationen:
Wenn Sie schwierige Situationen erfolgreich bewältigen, stärkt das Ihren Glauben an die eigenen Fähigkeiten. Sie werden sich auch in Zukunft zutrauen, vergleichbar schwierige Situationen zu meistern. Richten Sie Ihre Aufmerksamkeit bewusst auf die Dinge, die Ihnen gut gelingen, und notieren Sie sich dazu immer wieder einige Stichworte.

2. Beobachten von Vorbildern:
Wenn Menschen in Ihrer Umgebung, die ähnliche Voraussetzungen haben wie Sie, schwierige Situationen meistern, trauen Sie sich auch selbst eher zu, vergleichbare Herausforderungen zu bewältigen. Richten Sie Ihre Aufmerksamkeit bewusst auf entsprechende Vorbilder in Ihrem Umfeld.

3. Soziale Unterstützung:
Wenn Ihnen von anderen Menschen zugetraut wird, eine schwierige Situation zu meistern, strengen Sie sich eher an, glauben mehr an sich und bewältigen Dinge, die Sie ohne dieses „Fremdzutrauen“ nicht geschafft hätten. Richten Sie Ihre Aufmerksamkeit bewusst auf die Personen in Ihrem Umfeld, die Ihnen etwas zutrauen und die an Sie glauben.

4. Körperliche Reaktionen:
Ihre eigenen Körperreaktionen bilden die Grundlage für Ihre Situations- und Selbstwirksamkeitseinschätzung. Wenn Sie sich schon bei dem Gedanken an Sport körperlich anspannen und flach atmen, führt das oft zu emotionalen Reaktionen wie einer Abneigung gegenüber Sport. Gefühle der Abneigung können schnell zu Selbstzweifeln und damit zu einem geringen Selbstvertrauen führen. Richten Sie Ihre Aufmerksamkeit in so einem Moment bewusst auf Ihre Körperhaltung und Atmung. Nehmen Sie eine aufrechte Körperhaltung ein und atmen Sie ruhig und tief durch.

Eine Woche Selbstbeobachtung

Denken Sie an Ihr für Sie persönlich wichtiges Ziel. Beobachten Sie sich eine Woche lang selbst. Achten Sie bewusst auf vier Dinge: Welche Verhaltensweisen meistern Sie gut? Welche Menschen in Ihrem Umfeld meistern ähnliche Verhaltensweisen gut? Welche Menschen trauen Ihnen zu, dass Sie Ihre Absichten erfolgreich umsetzen werden? Und welche Körperreaktionen nehmen Sie bewusst wahr, während Sie eine Absicht in die Tat umsetzen wollen? Sie können sich zu diesen Fragen auch Notizen machen.

Feedback des Körpers

Ihr Körper kann Ihnen ein wertvolles Feedback darüber geben, wie gut oder schlecht Sie sich fühlen. Das wissen Sie bereits aus dem Kapitel *Gute Ausreden*, in dem Sie die Herzfrequenzvariabilität als Körperindikator für Ihre Willenskraft kennengelernt haben. Und damit sind wir bei der „Kraft von innen". Wer seine unbewusste, innere Kraft zu nutzen lernt, kann über sich selbst hinauswachsen.

Die Kraft von innen

Jedes starke Bild wird Wirklichkeit.

ANTOINE DE SAINT-EXUPÉRY

Was machen sehr willensstarke Menschen eigentlich anders als andere? Woran liegt es, dass beispielsweise viele Sportler, Künstler oder Wissenschaftler, Unternehmer, Führungskräfte oder Politiker eine große Selbstüberwindungskraft und ein starkes Durchhaltevermögen haben? Auch auf diese Fragen hat die Neurobiologie in den letzten Jahren wichtige Antworten gefunden. Eigentlich ist das Prinzip für einen starken Willen ganz einfach: Kopf aus, Gefühl an. Zahlreiche psychologische Studien kommen zu dem Schluss, dass in unseren Gefühlen ein unerhört großes Potenzial steckt und nicht, wie übermäßig rational eingestellte Menschen oft vermuten, eine ständige Quelle von Irrtümern.

Gefühle sind schneller

Der Vorteil von Gefühlen besteht darin, dass sie uns bereits Reaktionen ermöglichen, bevor wir bewusst denken können. Denn Gefühle sind immer schneller und wirkungsvoller als Gedanken. Innerhalb von Millisekunden signalisiert uns unser Fühlen, ob es uns mit dem, was wir gerade tun, gut geht oder nicht.

Gefühle sind immer schneller als unser rationales Denken. Sie ermöglichen es uns, innerhalb von Millisekunden Situationen einzuschätzen.

Der Wohlfühl mechanismus

Neurobiologisch funktioniert der Wohlfühlmechanismus wie Buchführung: Alles, was wir tun oder erleben, ist entweder angenehm oder unangenehm für uns. Unser Gehirn registriert und speichert Angenehmes als positive Konsequenz eines Verhaltens und Unangenehmes als negative Konsequenz eines Verhaltens, genauso wie es ein Bilanzbuchhalter tun würde. Es verbindet alle Konsequenzen fest mit Ereignissen oder Handlungen und speichert sie in unserem Erfahrungsgedächtnis ab. Nach dieser Bilanz richten wir unser zukünftiges Verhalten aus. Diese „Wohlfühl-Bilanzierung" zieht sich durch unser ganzes Leben. Dabei sammeln wir einen großen Vorrat an Erfahrungen. Um darauf schnell zugreifen und in verschiedenen Situationen richtig handeln zu können, hat der Bilanzbuchhalter in unserem Gehirn die Aufgabe, die unterschiedlichen Konsequenzerfahrungen eines Verhaltens mit Gefühlsmarkern zu versehen. (Den Begriff „Gefühlsmarker" prägte der Hirnforscher António Damásio 1994.) Immer wenn wir eine Situation erleben, die uns bekannt oder vertraut vorkommt, werden bestimmte Gefühle aus dem Erfahrungsgedächtnis wach, die uns dazu bringen, etwas zu tun oder es zu lassen. Gute Gefühle regen uns dazu an, eine Absicht umzusetzen, schlechte Gefühle hindern uns daran. Und hier haben wir die Verbindung zum Absichtsgedächtnis im präfrontalen Cortex, wo unser bewusster Wille sitzt. Jede Absicht, die Sie bewusst umsetzen wollen, braucht im richtigen Moment ein positives Gefühl aus dem Erfahrungsgedächtnis als Auslöser für die Umsetzung. Deshalb ist es so wichtig, dass Ihre Ziele etwas mit Ihnen, mit Ihren Sehnsüchten und Ihren Leidenschaften zu tun haben.

Wenn wir eine Absicht bewusst umsetzen wollen, muss das Erfahrungsgedächtnis ein positives Gefühl als Auslöser für die Umsetzung beisteuern.

Das Bauchgefühl

Dieser Prozess läuft unbewusst und dadurch sehr schnell ab. Sie bemerken gar nicht, wie Ihre Gefühle Ihr Denken und Ihr Verhalten steuern. Der Physiologe Benjamin Libet hat bereits 1979 in zahlreichen Experimenten herausgefunden, dass der Zeitpunkt, an dem eine Handlungsabsicht bewusst wird, hinter dem Zeitpunkt liegt, an dem der motorische Cortex eine Bewegung bereits unbewusst vorzubereiten beginnt. Bevor wir Worte für etwas haben, haben wir ein Bauchgefühl. Und wir können lernen, dieses Gefühl besser wahrzunehmen. Darauf zu achten, wie der eigene Körper bei dem, was wir tun und lassen, reagiert, ist eine der effizientesten Methoden, um die Willenskraft klug zu nutzen. Körperwahrnehmung ist eine wichtige Orientierungs- und Entscheidungshilfe in unserem Leben.

Willenskrafthelfer 10: Körpersprache

Achten Sie einmal darauf, welche Körperhaltung Sie einnehmen und wie Sie atmen, wenn Sie an Ihr Ziel denken. Oftmals sind Menschen angespannt und atmen flach bei dem Gedanken an eine Handlung, die sie eigentlich durchführen wollen, die aber anstrengend ist und nur mäßig Spaß macht. Dann ist es jedoch besonders schwer, sich zu überwinden und an etwas ranzugehen, denn der Körper signalisiert eindeutig Ablehnung (*„Lass das mal lieber, das strengt nur an!“*). Es gibt aber auch Tätigkeiten, bei denen Sie eine entspannte Körperhaltung einnehmen und tief und ruhig atmen. Das sind oft Tätigkeiten, die Sie weniger anstrengen und die Ihnen mehr Spaß machen. Achten Sie einmal darauf, in welchen Situationen dies der Fall ist. Eine entspannte Körperhaltung und eine tiefe Atmung helfen Ihnen dabei, sich selbst zu überwinden, denn der Körper signalisiert Zustimmung („*Ja, mach das, das ist leicht!*").

Ihre Körpersprache wirkt auf Ihr Erleben und auf Ihr Verhalten zurück. Diese Wechselwirkung ist mittlerweile durch viele wissenschaftliche Experimente belegt. Beispielsweise werfen Menschen in einer gebeugten Zwangshaltung bei der Lösung schwieriger Aufgaben schneller die Flinte ins Korn. Eine aufrechte Körperhaltung wirkt sich hingegen positiv auf das Selbstbewusstsein und die Leistungsfähigkeit aus. Damit haben wir einen besseren Zugang zu unserer Willenskraft.

Die Siegerpose

Besonders gut können Sie auch dieses Phänomen bei Profisportlern beobachten. Ob beim Fußball, der Tour de France, beim Boxen oder Bergsteigen, wenn Sportler einen Wettkampf gewonnen oder einen Berg bezwungen haben, reißen sie die Arme hoch und jubeln. Das Gehirn verknüpft diese Körperhaltung mit dem Sieg. Sportler nutzen das, indem sie bei guter Leistung im Training diese Körperhaltung immer wieder einnehmen und damit den Sieg körperlich abspeichern. Auch Sie können diesen Mechanismus nutzen und beispielsweise bewusst eine aufrechte, entspannte Körperhaltung einnehmen und tief durchatmen, wenn Sie sich überwinden wollen, etwas zu tun, das Ihnen schwerfällt. Denn eine Siegerpose signalisiert Ihrem Gehirn, dass Sie das, was Sie sich vorgenommen haben, schaffen werden. Das setzt einen positiven Kreislauf in Gang.

Bitte lächeln

Nehmen Sie immer dann, wenn Sie sich überwinden müssen, etwas zu tun, bewusst eine aufrechte, entspannte Körperhaltung ein, atmen Sie tief durch und lächeln Sie vielleicht sogar. Sie werden merken, dass es Ihnen dadurch leichter gelingt, eine Aufgabe anzugehen. Nehmen Sie sich immer wieder die Zeit – am besten mehrmals täglich –, um sich bewusst in eine gute Körperhaltung zu bringen, wenn Sie sich zu etwas überwinden müssen.

Die Wirkung der Körperhaltung testen

Wenn Sie sich das nächste Mal selbst überwinden müssen, etwas zu tun, das Sie zwar wirklich wollen, dessen Umsetzung Ihnen aber schwerfällt, dann testen Sie mal die Wirkung Ihrer Körperhaltung und Atmung auf Ihre Selbstüberwindungskraft. Atmen Sie bewusst tief durch und nehmen Sie bewusst eine aufrechte, entspannte Körperhaltung ein. Beobachten Sie einmal, was passiert.

Unbewusstes, nicht sprachliches Wissen (Fühlen) und bewusstes, sprachliches Wissen (Denken) sind zwei Seiten einer Medaille. Sie sollten weder Ihr rationales Denken gänzlich ausschalten, noch auf die Kraft Ihrer Intuition verzichten. Schlagen Sie vielmehr eine Brücke zwischen Ihrem bewussten und unbewussten Wissen und schöpfen Sie so Ihre volle Willenskraft aus.

Willenskrafthelfer 11: Mit allen Sinnen

Welche Bilder haben Sie vor Augen, wenn Sie an Ihr Ziel denken? Welche Farben und Formen kommen Ihnen in den Sinn? Wenn Ihr Ziel Töne von sich geben könnte, wie würde es sich anhören? Und wenn Ihr Ziel einen Geruch hätte, wie würde es dann riechen? Hat Ihr Ziel einen Geschmack und wenn ja, wie schmeckt es? Und wenn Sie sich Ihr Ziel in Bewegung vorstellen, wie würde es sich dann bewegen? Lernen Sie Ihr Ziel mit allen

Sinnen zu beschreiben. Nehmen Sie sich dazu immer wieder die Zeit – am besten mehrmals täglich –, um sich vorzustellen, wie es sich anfühlen wird, wenn Sie Ihr Ziel erreicht haben. Wenn es beispielsweise Ihr Ziel ist, innerhalb der nächsten drei Monate fließend Englisch sprechen zu lernen, könnte Ihre sinnliche Beschreibung dieses Ziels wie folgt aussehen: *„Ich sehe mich, wie ich mit meinem neuen Chef aus England am Konferenztisch sitze und diskutiere. Die Sonnenstrahlen scheinen durch das Fenster, ich höre leises Vogelgezwitscher. Der Earl-Grey-Tee vor uns duftet und ich fühle mich leicht und beschwingt. Die Besprechung läuft flüssig, ich kann alles verstehen und melde mich immer wieder zu Wort und spreche fließend Englisch. Und ich spüre, wie sehr das meinem Chef gefällt."*

Das Ziel mit allen Sinnen verankern

Denken Sie an Ihr für Sie persönlich wichtiges Ziel und beschreiben Sie es mit allen Sinnen. Welche Bilder haben Sie vor Augen? Suchen Sie in Illustrierten nach passenden Fotos und hängen Sie eines oder auch mehrere als Erinnerungshilfe für die Zielerreichung in Ihrer Wohnung auf. Ähnlich können Sie alle Ihre Sinneskanäle nutzen, um Ihr Ziel ganzheitlich zu verankern. Beispielsweise indem Sie eine passende Musik, einen Duft oder eine Bewegung einsetzen beziehungsweise visualisieren, welche Ihr Ziel symbolisieren. Schließen Sie dazu die Augen und legen Sie los.

Die Macht des Unbewussten

Wenn Sie Ihr Ziel intuitiv mit allen Sinnen erfassen, wird die rechte Hirnhemisphäre aktiviert und Ihr Ziel wird in Ihrem Unbewussten ganzheitlich abgespeichert. Anders als bei einer rein verbalen Zielformulierung, wie beispielsweise *„Ich will zehn Kilogramm abnehmen"* oder *„Ich will fließend Englisch sprechen"*, wirken ganzheitlich abgespeicherte Ziele auch dann, wenn Sie nicht bewusst daran denken. Dadurch wird es Ihnen sehr viel leichter fallen, unwillkürlich Willenskraft für Ihre Zielerreichung aufzubringen. Diesen Mechanismus nutzen auch Extremsportler, erfolgreiche Künstler oder Wissenschaftler. Sie stellen sich in allen Facetten vor, wie es sein wird, einen Forschungspreis zu gewinnen, einen Bestseller zu schreiben oder bei einem Wettkampf zu siegen. Wer seine Ziele lediglich als verbale Selbstinstruktion linkshemisphärisch speichert, denkt zwar viel häufiger an das noch nicht erreichte Ziel, blockiert sich dadurch interessanterweise jedoch selbst und schwächt seine Willenskraft. Denn wenn man Ziele nur in abstrakter Sprache speichert, braucht man viel mehr Energie, um die Absicht, das Ziel zu erreichen, wach zu halten. Dadurch kann man sich den Blick für das Ganze verbauen und sprichwörtlich den Wald vor lauter Bäumen nicht mehr sehen. Die Ausführung eines neuen Verhaltens kann so schnell zur lästigen Pflicht werden. Und mit reiner Pflichterfüllung fühlen sich wenige Menschen wirklich wohl. Wer sein Ziel mit allen Sinnen beschreibt, entwickelt hingegen ein Gefühl für sein Ziel.

Wir können ein Gefühl für unser Ziel entwickeln, indem wir es mit allen Sinnen beschreiben. Das ermöglicht einen schnelleren und besseren Zugriff auf die Willenskraft.

Eine solche Zielbeschreibung aktiviert die rechte Hirnhemisphäre, wo das Ziel im Unbewussten ganzheitlich abgespeichert wird. Ziele, die mit Gefühlen verknüpft werden, wirken selbst dann, wenn wir nicht bewusst daran denken. Dieser intuitive Zugang zu einem Ziel ermöglicht einen unwillkürlichen, schnelleren und besseren Zugriff auf unsere Willenskraft.

Willenskrafthelfer 12: Symbole

Achten Sie darauf, wie Sie mit sich selbst sprechen. Das ist eine besonders einfache und wirksame Methode, um die Brücke zwischen Ihrem bewussten und unbewussten Wissen zu schlagen. Hören Sie sich einmal selbst zu. Welche Metaphern, das heißt Sprachbilder verwenden Sie, um mit bildlichen Begriffen komplexe Zusammenhänge auszudrücken? Beispiele für solche Sprachbilder gibt es viele: *„fit wie ein Turnschuh“*, *„platt wie eine Flunder“*, *„rund wie eine Tonne“*, *„stark wie ein Bär“*, *„klein wie eine Maus“*, *„schwer wie ein Stein“*, *„alles unter einen Hut bekommen“*, *„ein Buch mit sieben Siegeln“* und tausende mehr. Wenn Sie bewusst darauf achten, welche Metaphern Sie verwenden, schaffen Sie sich automatisch ganzheitliche Bilder und können Ihr Unbewusstes für sich arbeiten lassen.

Die Macht der Symbole

Sie können Metaphern zusätzlich mit realen Symbolen verbinden. Dadurch vernetzen Sie Ihre bewusste und unbewusste Willenskraft noch stärker. Wenn Sie zum Beispiel lernen wollen, in Gesprächen den roten Faden nicht zu verlieren, können Sie sich einen roten Faden kaufen und entweder in der Hosentasche mit sich tragen oder sogar auf den Schreibtisch vor sich legen. Damit lenken Sie Ihre Aufmerksamkeit unwillkürlich auf Ihr Ziel und das aktiviert unbewusst Ihre Willenskraft. Der rote Faden ist eine Erinnerungshilfe, die Sie dabei unterstützt, sich auf Ihr Ziel zu fokussieren.

Symbole für Ihr Ziel finden

Achten Sie einmal bewusst darauf, welche Metaphern Sie im Alltag im Zusammenhang mit Ihrem Ziel verwenden. Zum Beispiel: *„Nach dem Fitnessstudio fühle ich mich leicht wie eine Feder.“* Dann suchen Sie sich für diese Metapher ein Symbol, vielleicht eine Daunenfeder aus Ihrem Kopfkissen oder eine Vogelfeder. Symbole können Erinnerungshilfen dafür sein, was Sie tun wollen. Tragen Sie das Symbol die nächsten Wochen mit sich herum und beobachten Sie einmal, was passiert.

Fazit

Sie haben gelernt, wie Willenskraft funktioniert. Sie haben gesehen, wie Sie Ihre Willenskraft vor Erschöpfung schützen. Und Sie haben erfahren, wie Sie Ihre Willenskraft mithilfe von zwölf verschiedenen Willenskrafthelfern gezielt einsetzen können. Im nächsten Kapitel werden Sie sehen, wie Sie Ihr Umfeld gestalten können, um mit weniger Aufwand viel mehr zu erreichen. Überlegen Sie einmal, warum die meisten Surfweltmeister am Meer aufwachsen, die besten Bergsteiger in den Alpen groß werden und die erfolgreichsten Marathonläufer aus Ostafrika stammen. Ihre Umwelt hat eine immense Auswirkung darauf, wie gut Sie Ihre Willenskraft für das nutzen können, in dem Sie erfolgreich werden wollen. Auf den nächsten Seiten erfahren Sie außerdem, wie Sie Ihre Kinder dabei unterstützen können, willensstark zu werden, und wie Sie als Führungskraft dazu beitragen, dass Ihre Mitarbeiter willensklug arbeiten.

Das Willenskraftumfeld 4

Wenn Sie mehr von dem erreichen wollen, was Sie sich vornehmen, sollten Sie darauf achten, Ihr Umfeld bewusst zu wählen. Denken Sie an einen Fisch auf dem Trockenen. Selbst die größte Willenskraft wird den Fisch dort nicht zum Schwimmen befähigen. In dauerhaft schlecht gestalteten Umgebungen kann sich weder Ihre eigene Willenskraft noch die Willenskraft der Menschen, für die Sie Verantwortung übernehmen, entfalten. Zu einem klugen Umgang mit der Willenskraft gehört deshalb die bewusste Auswahl oder zumindest die bewusste Gestaltung des Umfelds, in dem wir leben. In diesem Kapitel lernen Sie die wichtigsten Umfeldfaktoren kennen, die Sie und gegebenenfalls Ihre Kinder und Ihre Mitarbeiter darin unterstützen können, mehr von dem zu erreichen, was Sie sich vornehmen. Bei diesen Faktoren handelt es sich im Einzelnen um:

- die Menschen, die Sie umgeben,
- die Art und Weise, wie Sie mit sich selbst und mit anderen umgehen,
- den Umfang der Ablenkungen und Verlockungen um Sie herum und
- die Einstellung, mit der Sie die Welt betrachten.

Das eigene Umfeld

Entweder du trennst dich von den Menschen, die dich von deinen Träumen abhalten, oder du trennst dich von deinen Träumen.

AUTOR UNBEKANNT

Jede Wette: Wenn Sie mir Ihre Wohnung zeigen, kann ich Ihnen sagen, wie klug Sie mit Ihrer Willenskraft umgehen. Sehr willensstarke Menschen begeben sich erst gar nicht in Situationen der Versuchung und Ablenkung, sondern gestalten sich ihr Umfeld ablenkungsarm und sparen sich so ihre Kräfte für ihr Zielstreben auf. Dabei achten sie auf die Menschen um sie herum, denn diese haben einen Einfluss auf sie und auf ihre Ziele. Wir nehmen zwar gerne an, unsere Entscheidungen wären immun gegen Einflüsse von außen, und sind stolz auf unsere Unabhängigkeit und unseren freien Willen, aber psychologische Forschungen zeigen, dass unsere individuellen Entscheidungen maßgeblich von dem geformt werden, was andere Menschen denken, wollen und tun – und von dem, was sie unserer Meinung nach von uns erwarten. Der Einfluss der Menschen in unserem direkten Umfeld bringt uns oft in Willenskraftschwierigkeiten – er kann uns aber auch dabei behilflich sein, unsere Ziele zu erreichen.

Die Gruppe

Warum ist der Einfluss der Menschen in unserem Umfeld auf uns und unser Verhalten so groß? Dafür gibt es zwei Hauptgründe:

- unsere Empathie, das heißt die Fähigkeit, fühlen zu können, wie es unserem Gegenüber gerade geht, und
- unser soziales Gehirn, das heißt unser Bestreben zu einer Gruppe dazuzugehören, weil die Gruppe unseren Überlebensvorteil in einer feindlichen Umwelt sichert.

Spiegelneuronen

Der Mensch ist ein soziales Wesen und dazu geschaffen, mit anderen in Verbindung zu treten. Wir haben spezialisierte Hirnzellen, die Spiegelneuronen, deren alleinige Aufgabe darin besteht, zu verfolgen, was andere Personen denken, empfinden und tun. Diese Spiegelneuronen sind über unser Gehirn verteilt, damit wir die volle Bandbreite der Erfahrungen anderer verstehen können. Nehmen wir an, Sie sehen, wie ein Kind beim Spielen stolpert und zu Boden fällt. Ihr Gehirn beginnt automatisch, diese Bewegung zu entschlüsseln. Die Spiegelneuronen in den Hirnbereichen, die für die Bewegung und Empfindung in Ihren Beinen zuständig sind, werden aktiviert. Auf diese Weise erzeugt Ihr Gehirn eine innere Repräsentation des Erlebnisses des Kindes. Die Spiegelneuronen stellen die Bewegung nach, damit Sie verstehen, was geschieht und warum. Das ermöglicht es Ihnen, abzuschätzen, was als Nächstes passieren könnte. Wird das Kind schwer stürzen und sich verletzen? Angenommen das Kind schürft sich beim Sturz das linke Knie auf, dann werden die Spiegelneuronen in der Schmerzregion Ihres Gehirns reagieren. Sie werden zusammenzucken und sofort wissen, was das Kind empfindet. Die Schmerzerfahrung ist für das Gehirn so real, dass die Nerven in Ihrem Rückenmark sogar versuchen werden, eingehende Schmerzsignale aus Ihrem linken Knie zu unterdrücken – als wären Sie tatsächlich selbst gestürzt.

Empathie

Psychologen sprechen hier von Empathie. Sie hilft uns dabei, die Handlungen und die Empfindungen anderer zu verstehen und entsprechend zu reagieren. Unsere Spiegelneuronen reagieren auf alle Bewegungen unserer Mitmenschen, auf alle Emotionen der Personen in unserer Umgebung und eben auch auf alle Dinge, die für andere eine Versuchung darstellen. Das ist der neuronale Grund dafür, warum wir die Willensschwäche der Menschen in unserer Umgebung nachahmen. Das ist das elfte Geheimnis der Willenskraft.

Ob die Menschen in unserem Umfeld willensstark sind oder nicht, beeinflusst unsere eigene Willenskraft.

Nachahmung

Unser Instinkt, die Handlungen anderer nachzuahmen, bewirkt, dass wir selbst schwach werden, wenn wir sehen, wie ein anderer zur Schokolade und zum Bier greift. Das können Sie auch sehr häufig bei Rauchern beobachten, die beim Versuch aufzuhören scheitern, wenn sie in einer Gruppe unterwegs sind, in der geraucht wird: Wenn alle anderen zur Zigarette greifen, ist der Rückfall fast vorprogrammiert.

Durch unsere Empathie kann uns die schlechte Laune unseres Arbeitskollegen oder der Kummer unseres Partners „anstecken". Wenn wir uns mit negativen Gefühlen der Menschen in unserem Umfeld „anstecken", suchen wir leider allzu häufig Trost durch unsere üblichen Bewältigungsstrategien – fernsehen, trinken, powershoppen oder Schokolade. Da Emotionen für einen klugen Umgang mit unserer Willenskraft eine Hauptrolle spielen (Kapitel *Emotionen regulieren*), ist es entscheidend, mit welchen Menschen wir uns umgeben.

Wenn Sie wissen, dass Ihr Partner Kartoffelchips liebt, und sehen, wie er sich eine Tüte aus dem Schrank holt, wird in Ihrem Gehirn die Antizipation einer Belohnung einsetzen. Wenn unsere Spiegelneuronen ein Belohnungsversprechen bei anderen entschlüsseln, bekommen wir selbst Lust auf die Versuchung. Wenn Sie jemanden beobachten, der schwach wird, ist die Gefahr groß, dass auch Sie schwach werden. Das ist der Grund, warum wir in Gesellschaft mehr essen als allein, warum wir mehr rauchen, wenn wir mit Rauchern zusammen sind, mehr trinken, wenn wir in der Gruppe trinken, und mehr Geld ausgeben, wenn wir mit Freunden einkaufen gehen.

Die Menschen in Ihrem Umfeld

Beobachten Sie in den nächsten Tagen einmal, mit welchen Menschen Sie die meiste Zeit verbringen. Wem stehen Sie besonders nahe, wen respektieren Sie am meisten, wem fühlen Sie sich am meisten verbunden oder am ähnlichsten? Fallen Ihnen Verhaltensweisen ein, die Sie von diesen Personen übernommen haben oder umgekehrt? Welche davon sind hilfreich, weil zieldienlich, und welche davon sind hinderlich?

Zieldienliches Verhalten nachahmen

Wenn Sie sich mit Menschen umgeben, die es verstehen, ihre Emotionen zu regulieren, Versuchungen zu widerstehen und Anstrengungen auf sich zu nehmen (Belohnungsaufschub auszuhalten), wird sich das ebenso auf Sie auswirken. Auf dem gleichen Weg über die Spiegelneuronen können Sie sich auch mit diesem positiven, zieldienlichen Verhalten „anstecken“. Forschungen zeigen, dass unsere Willenskraft sogar schon steigt, wenn wir nur an eine Person mit guter Selbstregulation denken. Gibt es jemanden, der als Willenskraftmodell für Ihre Herausforderung herhalten kann? Jemand, der mit derselben Herausforderung zu kämpfen hat und erfolgreich ist? Wenn Sie ein wenig zusätzliche Willenskraft brauchen, rufen Sie sich Ihr Vorbild ins Gedächtnis.

Der soziale Beweis

Der Einfluss der Menschen in unserem Umfeld ist auch deshalb so groß, weil unser soziales Gehirn uns sagt, dass wir in der Gruppe länger und besser leben (vgl. Kapitel *Ein tierisches Programm*). Wenn der Rest unseres *Stammes* etwas tut, halten wir das erst einmal für klug. Das ist ein nützlicher Überlebensinstinkt: Wenn Sie bemerken, dass der gesamte *Stamm* anfängt zu rennen, sollten Sie wahrscheinlich besser mitrennen – es könnte ja eine Gefahr drohen. Psychologen sprechen bei diesem

Phänomen vom *sozialen Beweis*. Dem Urteil anderer in der Gruppe zu vertrauen, schafft seit Millionen von Jahren Zusammenhalt und lässt soziales Leben funktionieren. Der Einzelne muss nicht alles selbst wissen und kann seine Kräfte sparen.

Gruppennormen hinterfragen

Der soziale Beweis hat eine enorme Wirkung auf unser Alltagshandeln. Als soziale Wesen gehen wir grundsätzlich davon aus, dass das, was andere wollen, gut ist, und dass das, was andere denken, wahr ist. Wenn wir noch keine eigene Meinung haben, vertrauen wir der Meinung unseres *Stammes*. Das ist der Grund dafür, warum wir oft die Dinge kaufen, die alle kaufen, häufig die Filme sehen, die alle sehen, und oftmals auch die Ansichten teilen, die die meisten Menschen in unserem Umfeld vertreten. Unser Verlangen, zu einer Gruppe dazuzugehören, ist so stark, dass wir uns dem *sozialen Beweis* häufig nicht erwehren können – selbst wenn wir wissen, dass das entsprechende Verhalten eigentlich nicht gut für uns ist.

Die Normen Ihrer Gruppen hinterfragen

Überlegen Sie einmal, zu welchen Gruppen Sie gehören: Welche Normen, Gewohnheiten und Verhaltensweisen gelten in Ihrem jeweiligen Stamm? Denken Sie an Ihre Arbeit, an Ihre Familie und an die Freunde, die Sie in Ihrer Freizeit treffen. Wie würden Sie den Einfluss der Menschen in Ihrer Umgebung auf Ihr Verhalten beschreiben?

Gesellschaftsnormen hinterfragen

In unserer Gesellschaft scheint es zur Norm geworden zu sein, alles sofort und immer haben, sein und tun zu müssen. So zumindest ließen sich die Statistiken interpretieren, die zeigen, dass die Pro-Kopf-Verschuldung der Einwohner Deutschlands bei einigen tausend Euro liegt, über die Hälfte aller Deutschen übergewichtig sind, jeder fünfte Deutsche zu viel Alkohol trinkt und jeder vierte stressbedingte psychosomatische Symptome aufweist. Unser *Stammeshirn* sagt sich angesichts dieser Zahlen: „*Da bin ich aber froh, dass ich genau wie alle anderen bin.*“ Wir stellen fest, dass wir „normal“ sind, dass wir dazugehören zur Mehrheit der Menschen, also zur Gruppe derer, die zu viel Geld ausgeben, zu dick sind, zu viel trinken und zu viel Stress haben. Wenn alle so handeln, dann verändert sich unsere Wahrnehmung, und diese neue gesellschaftliche Realität wird zur Normalität, auch wenn es faktisch auf der Hand liegt, dass es besser ist keine Schulden zu haben, normalgewichtig zu sein, Alkohol nur in Maßen zu genießen und Stress abzubauen.

Der Sog des Durchschnitts kann größer sein als der Wunsch, das objektiv Richtige zu tun.

!

Der *soziale Beweis* kann unseren Willen, etwas zu verändern, bremsen. Das ist dann der Fall, wenn wir davon ausgehen, dass alle anderen in unserem Umfeld das Verhalten, das wir uns abgewöhnen wollen, beibehalten werden, oder das Ziel, für das wir Anstrengungen auf uns nehmen wollen, als nicht erstrebenswert empfinden. Rauchen alle Menschen in Ihrer Umgebung, werden Sie es schwer haben, das Rauchen aufzugeben. Leben Sie in einem bildungsfernen Umfeld, wird es für Sie schwerer sein, sich auf eine Prüfung vorzubereiten. Und wenn Sie abnehmen wollen, ist das in einem *Stamm* wohlbeleibter Menschen eine echte Willenskraftherausforderung.

Positive Vorbilder wählen

Am besten gelingt es Ihnen, willensstark zu sein, wenn Sie Menschen finden, die sich die Verhaltensweise zu eigen gemacht haben, die Sie anstreben. Suchen Sie sich einen neuen *Stamm*, dem Sie sich anschließen können. Das kann ein Verein, eine Online-Community, ein Volkshochschulkurs oder sogar eine Zeitschrift sein, die Ihre Ziele unterstützt. Wenn Sie sich mit Menschen umgeben, die sich den gleichen Zielen verpflichtet fühlen wie Sie, wird Ihre Herausforderung zu einer Norm, und die Veränderung wird Ihnen leichter fallen. Steuern Sie Ihre Aufmerksamkeit bewusst und nutzen Sie auch die Angebote in den

Medien dazu, sich ein zieldienliches Umfeld zu schaffen. Wählen Sie im Internet, im Fernsehen, bei Printprodukten und Apps die Angebote aus, die etwas mit Ihrem Ziel zu tun haben. Machen Sie es sich selbst und Ihrer Willenskraft damit ein wenig leichter.

Eltern und Kinder

Kinder sind wie kleine Krümelmonster. Sie müssen erst lernen, angesichts einer Versuchung Nein zu sagen. Wie unsere Kinder lernen, ihre Bedürfnisse aufzuschieben, haben Sie bereits durch den weltberühmten Marshmallow-Test des Psychologen Walter Mischel im Kapitel *Der Schlüssel zum Erfolg* erfahren. Heute wissen wir, dass Kinder erst vom dritten Lebensjahr an lernen, sich absichtlich zu konzentrieren, Ablenkungen zu ignorieren und Impulse zu unterdrücken. Das Selbstregulationssystem des Gehirns ist sogar erst im jungen Erwachsenenalter voll entwickelt. Deshalb brauchen unsere Kinder Unterstützung von uns, solange ihre Willenskraft noch unreif ist. Aus dem zarten Pflänzchen der emotionalen Selbstbeherrschung kann eine baumstarke Willenskraft erwachsen. Und der beste Weg, um unsere Kinder dabei zu unterstützen, ist ein achtsames Mitfühlen.

Achtsam mitfühlen

Viele Eltern kritisieren ihre Kinder jedes Mal, wenn sie sich nicht beherrschen können und einer Versuchung nachgeben oder wenn sie aus Sicht der Eltern versagt haben. *„Du bist so faul! Was ist nur los mit dir?“ „Kannst Du nicht warten, Kind?“ „Eine vier in Mathe, das geht nicht, das muss besser werden.“* Wenn sich Eltern, nahe Bezugspersonen und auch Lehrer aber nur auf die Schwächen der Kinder konzentrieren, ist das ein Ansatz, der die Willenskraft hemmt. Denn im Mittelpunkt einer solchen Haltung steht die Frage, was mit dem Kind nicht stimmt. Damit nimmt man den Schwachpunkt und die notwendigen Maßnahmen zur

„Reparatur“ in den Fokus. Und was passiert dabei beim Kind? Ein Kind verbindet Schwächen und Versagen mit Gefühlen wie Schuld, Angst und Traurigkeit. Für Kinder gilt aber das Gleiche wie für Erwachsene: Alles, was seelisch oder körperlich belastet, kann die Willenskraft schwächen.

Ihr innerer Kritiker

In diesem Zusammenhang lohnt es sich übrigens auch, noch einmal zu prüfen, wie genau Sie mit sich selbst sprechen. Wie laut spricht Ihr innerer Kritiker mit Ihnen? Oft verkörpert dieser innere Kritiker nämlich die Stimme unserer eigenen Eltern. Wie gut oder schlecht fühlen Sie sich, wenn Sie sich selbst kritisieren? Mein Tipp: Gehen Sie rücksichtsvoll mit sich selbst um. Wie Sie bereits erfahren haben, ist es eindeutig hilfreicher, sich selbst zu verzeihen, anstatt sich mit Schuldgefühlen zu bestrafen. Leider ist die Idee, dass Schuldgefühle motivieren, Fehler zu korrigieren, gerade in der deutschen Kultur sehr verbreitet. Diese Annahme ist falsch, wie zahlreiche Studien belegen: Übersteigerte Selbstkritik ist durchgehend mit weniger Motivation und geringerer Willenskraft verbunden.

Träume und Ziele der Kinder

Wenn Eltern ihre Kinder beispielsweise für schlechte Noten bestrafen, hemmt die Angst vor der Bestrafung die Willenskraft des Kindes, wenn es sich darum bemüht, sich zu konzentrieren und zu lernen. So ergeben sich weitere Hindernisse auf dem Weg zur Verbesserung. Wenn Eltern stattdessen das Gespräch mit ihren Kindern suchen und die Kinder nach ihren Träumen und Zielen fragen, kann gemeinsam überlegt werden, welche Voraussetzungen gegeben sein müssen und an welchen Fähigkeiten das Kind arbeiten sollte, um diese Ziele zu erreichen und die Träume zu verwirklichen.

Positive Sichtweise

Generell hält eine positive Sichtweise die Freude am Üben und Lernen aufrecht. Denn wenn Kinder positive Ziele und Träume vor Augen haben, werden Gehirnzentren aktiv, die sie aufgeschlossen für neue Möglichkeiten machen. Positive Gefühle erweitern das Spektrum der Aufmerksamkeit. Wer sich auf negative Gedanken konzentriert, blockiert sich und andere.

Natürlich bleibt es nicht aus, dass sich Kinder unsicher fühlen, sich ängstigen, frustriert oder traurig sind. Sie können Ihren Kindern dabei helfen, mit diesen negativen Gefühlen konstruktiv umzugehen. Leiten Sie sie an, ihre Gedanken und Gefühle zu beobachten und zu akzeptieren. Vermitteln Sie ihnen, dass alle Gefühle – gleichgültig, ob positive oder negative – ein Teil des Lebens sind, und seien Sie Ihren Kindern ein möglichst gutes Vorbild.

Sich in die eigenen Kinder einfühlen

Überlegen Sie einmal, wovor Ihre Kinder Angst haben. Was macht sie traurig? Durch was fühlen sie sich vielleicht schuldig oder als Versager? Und jetzt überlegen Sie einmal, was Sie machen können, um Ihren Kindern zu helfen, weniger Angst zu haben, weniger traurig zu sein oder sich weniger schuldig zu fühlen.

Vorbildfunktion und Gestaltung des Umfelds

Albert Einstein hat einmal gesagt: „*Es gibt keine andere vernünftige Erziehung, als Vorbild sein, wenn's nicht anders geht, ein abschreckendes.*" Spätestens seit der Psychologe Albert Bandura in den 1960er-Jahren seine Theorie über das Lernen am Modell entwickelt hat, wissen wir, wie wichtig positive Rollenvorbilder für unsere Kinder sind. Erwachsene können Kindern ein positives Vorbild sein, wenn sie selbst es schaffen, sich für ein Ziel anzustrengen, nicht jeder Versuchung nachzugeben und einen Belohnungsaufschub auszuhalten. Kinder nehmen mit seismographischer Genauigkeit war, wie wir Erwachsenen mit verschiedenen Dingen umgehen, beispielsweise wie wir unsere Emotionen regulieren, wenn wir frustriert, traurig, ängstlich oder besorgt sind, oder auch, wie sehr wir uns auf eine Aufgabe konzentrieren können und wie oft wir uns erlauben, mit unseren Gedanken von einer Aufgabe abzuschweifen, etwa wenn unser Smartphone klingelt. Sie beobachten, bei welchen Versuchungen wir schwach werden und bei welchen Anstrengungen wir uns selbst nicht überwinden können. Hier spielt Glaubwürdigkeit eine zentrale Rolle. Wer seinen Kindern verbieten will, auf das Smartphone zu schauen, und selbst seine Augen nicht vom Display lösen kann, darf nicht erwarten, dass sein Kind den Umgang mit dem Smartphone verändern wird.

Das Umfeld unserer Kinder

Da es unseren Kindern noch schwerer fällt als uns selbst, den allgegenwärtigen Ablenkungen und Verlockungen unserer Zeit standzuhalten, sollten wir Erwachsenen das Umfeld unserer Kinder bewusst willenskraftfreundlich gestalten. Erinnern Sie sich daran, dass wir den Verlockungen, die wir direkt vor unseren Augen haben, nur schwer widerstehen können. Wenn der Kühlschrank mit Limonade und Schokoladenpudding gefüllt und die Wohnung mit Flachbildschirmen tapeziert ist, fällt es jedem Kind – und vielen Erwachsenen – schwer, Nein zu sagen. Legen Sie es nicht darauf an, dass der Wille Ihrer Kinder umkippt!

Die Wohnung überprüfen

Gehen Sie einmal aufmerksam durch Ihre Wohnung und schauen Sie, welche Quellen der Ablenkung und Verlockung Sie abschaffen oder vielleicht aus dem unmittelbaren Gesichtsfeld Ihrer Kinder entfernen können. Welche Dinge liegen und stehen da herum – Zigaretten, Süßigkeiten, Alkohol, Limonade, Fast Food? Welche Zeitschriften und andere Medien sind verfügbar – Fernsehzeitschrift, Flachbildfernseher, Smartphone, Internet, Tablet, Playstation?

Einen sicheren Ort schaffen

Alles, was Ihre Kinder körperlich oder seelisch entlastet, kann deren Willenskraft stärken. Wer ein gutes Willenskraftumfeld für seine Kinder schafft, legt einen Erfolgssamen in die Erde, der zu einem prächtigen Lebensbaum erblühen kann. Es gibt noch viele weitere Möglichkeiten, um die Entwicklung der Willenskraft Ihrer Kinder zu fördern. Alle Tipps und Tricks aus diesem Buch können Ihnen dazu Anregungen geben.

Führungskräfte und Mitarbeiter

Der Alltag einer Führungskraft ist eine echte Willenskraftherausforderung. Leitende Manager stehen durch die Komplexität der Systeme, in denen sie sich zurechtfinden müssen, unter Druck. Durch die technologischen Möglichkeiten galoppiert das Tempo auf den Märkten und die Fülle an Informationen explodiert. Vor diesem Hintergrund treffen Führungskräfte den ganzen Tag über wichtige Entscheidungen, oft im Minutentakt, und werden dabei auch noch ständig abgelenkt oder unterbrochen.

Ihr Arbeitstag als Führungskraft könnte beispielsweise so aussehen: Sie fokussieren sich auf ein wichtiges Projekt und blenden aktiv Ablenkungen aus. Sie steuern Ihre Gefühle und weisen einen etwas begriffsstutzigen Mitarbeiter nicht zurecht, sondern erklären geduldig den Vorgang noch einmal. Sie kontrollieren Ihre Gedanken, schieben die Vorstandssitzung und weitere 35 Termine der nächsten Woche mental beiseite. In der Kantine entscheiden Sie sich für den gesunden Salat und gegen den Schweinebraten, und den Streit mit Ihrem Partner blenden Sie während Ihrer Arbeitszeit vorübergehend aus. Bei allen diesen Vorgängen setzen Sie Ihre Willenskraft ein.

Bei jedem noch so einfachen Akt der Entscheidung (ver-)brauchen Sie Willenskraft. Sie vertrauen den ganzen Tag darauf, dass genug davon da ist. Doch wie Sie bereits erfahren haben, ermüdet Ihre Willenskraft sehr schnell. Dadurch wächst die Gefahr von Fehlentscheidungen. Wenn Sie sich über längere Zeit auf ein wichtiges Projekt konzentriert haben oder zudem eine größere Anzahl von scheinbar unwichtigen, kleineren Entscheidungen getroffen haben, sollten Sie nicht versuchen, weitere wichtige Entscheidungen zu treffen. Sie entscheiden besser, wenn Sie weniger entscheiden. Deshalb ist es sinnvoll, verstärkt darauf zu achten, möglichst viele Tagesaktivitäten zu automatisieren, damit Sie keine unnötige Energie für Alltagsentscheidungen verbrauchen.

Fehlentscheidungen

Wir entscheiden besser, wenn wir weniger entscheiden.

Legen Sie beispielsweise konkrete Zeitfenster für Ihre telefonische Erreichbarkeit und für die Bearbeitung von E-Mails fest. Damit vermeiden Sie, dass jedes Klingeln des Telefons beziehungsweise jede neue E-Mail Ihnen die Entscheidung abverlangt, ob Sie in diesem Moment darauf reagieren sollten oder nicht. Arbeiten Sie mit der guten alten Technik der Wiedervorlage: Anstehende Aufgaben schließen Sie für den Moment, in dem Sie sich ganz auf ein anderes Projekt konzentrieren müssen, vorläufig ab, indem Sie sich die Aufgaben mithilfe der Wiedervorlagemappe für einen anderen Zeitpunkt zur Bearbeitung bereitlegen. Tun Sie das nicht, werden die Gedanken an diese unerledigten Aufgaben Sie bei allem stören, auf das Sie sich konzentrieren müssen (vgl. Zeigarnik-Effekt im Kapitel *Aufmerksamkeit steuern*).

Zeitfenster schaffen

Helfen Sie auch Ihren Mitarbeitern dabei, klug mit ihrer Willenskraft umzugehen. Führungskräfte klagen in meiner Coaching-Sprechstunde oft darüber, dass es ihren Mitarbeitern immer schwerer fällt, sich anhaltend auf länger andauernde Projekte

Mitarbeiter unterstützen

zu fokussieren, sich längere Zeit auf eine Aufgabe zu konzentrieren, einem Gespräch bis zum Ende zu folgen, ein Thema bis zum Ende zu durchdenken, etwas zu lernen oder sich genauer zu informieren. Hier sind Sie als Führungskraft gefragt, Ihre Selbst- und Fremdwahrnehmung zu schulen und die Aufmerksamkeit der Mannschaft zu lenken.

Selbst- und Fremdwahrnehmung schulen

Ein willensstarker Führungsstil ist nicht zu verwechseln mit einem übersteigert leistungsorientierten, ungeheuer konzentrierten Führungsstil, bei dem Sie als Führungskraft im eigenen Turbotempo vorangehen und alle anderen mit Befehlen, Zwang und Gehorsam antreiben wollen. Fragen Sie sich immer wieder, welche Wirkung Sie mit Ihrem Führungsverhalten bei Ihren Mitarbeitern erzeugen. Wer dafür blind ist oder durch den Druck oder das Bedürfnis, ein Ziel unbedingt erreichen zu müssen, dafür blind wird, hat schlechte Karten. Denn wenn es darauf ankommt, verweigern Mitarbeiter Führungskräften, denen es an Empathie mangelt, den Dienst. Wenn Sie als Chef in dem Moment „dicht machen", in dem Ihre Mitarbeiter eine Aufgabe nicht gut erfüllen, haben Sie ein Problem: Ihre Mannschaft steht nicht mehr hinter Ihnen.

Körpersignale wahrnehmen

Machen Sie sich klar, dass es notwendig ist, Ihren Mitarbeitern zuzuhören, zu kooperieren und Einfluss zu nehmen. Das sind zwischenmenschliche Fähigkeiten, die im turbulenten Alltag oft genug über Bord gehen. Aber nur der Chef, der es schafft, seine Mitarbeiter mit einem emotional unterstützenden, empathischen Führungsstil dazu zu ermutigen, bei der Arbeit ihr Bestes zu geben, wird mit seiner Mannschaft Spitzenleistung erbringen. Prüfen Sie Ihre Wirkung, indem Sie auf das achten, was Sie auslösen – nicht auf das, was Sie auslösen wollten. Achten Sie dabei auf die emotionalen Signale Ihrer Mitarbeiter und lernen Sie das Befinden Ihrer Mitarbeiter zu deuten. Die Stimme sagt beispielsweise sehr viel über die Stimmung eines Menschen aus.

So kann eine gepresste Stimme signalisieren, dass sich Mitarbeiter unter Druck und unfrei fühlen. Der Geschichtsausdruck von Mitarbeitern kann Bände sprechen. Zusammengepresste Lippen und ernste, angespannte Gesichtszüge deuten auf Stress hin. In der Körperhaltung und Bewegung spiegelt sich das Energiepotenzial eines Menschen. Hochgezogene Schultern, ein gesenkter Kopf und schwere Schritte können Belastung anzeigen.

Wenn Sie diese Signale wahrnehmen, können Sie schnell einschätzen, wie viele Ihrer Mitarbeiter bei dem, was Sie vorhaben, zuversichtlich mitziehen werden und wie viele sich vor einer Veränderung fürchten, welche Mitarbeiter verärgert oder entmutigt, stolz oder besorgt sind. Solche Anhaltspunkte ermöglichen es Ihnen, eine schnelle und genaue Einschätzung der Gefühle Ihrer Mitarbeiter im Team vorzunehmen und entsprechend emotional unterstützend zu führen. Wenn Sie sich in der Deutung nonverbaler Signale unsicher fühlen, sollten Sie unbedingt ein einschlägiges Buch über Körpersprache lesen (vgl. Literaturverzeichnis) oder einen Kurs besuchen, um mehr Sicherheit im Erkennen und Verstehen von Körpersignalen zu gewinnen.

Körpersignale beachten

Achten Sie ab sofort auf die Körpersignale Ihrer Mitarbeiter: Was sagt beispielsweise die Stimme eines Mitarbeiters über seine Stimmung aus? Welche Botschaften senden Gestik und Mimik? Und wie viel Energie spiegelt sich in der Körperhaltung und den Bewegungen des Mitarbeiters wider?

Mit Mitarbeitern sprechen

Wenn Sie die entsprechenden Körpersignale wahrgenommen haben, wird es spannend. Denn die meisten Führungskräfte scheuen sich nun, ein kritisches Gespräch mit Ihren Mitarbeitern zu führen. Bei einem solchen Gespräch kann man zugegebenermaßen auch einiges falsch machen. Wenn Sie die Willenskraft Ihrer Mitarbeiter erhalten und fördern wollen, sollten

Sie Folgendes beachten: Fokussieren Sie sich auf Ziele, nicht auf Fehler und Schwächen Ihrer Mitarbeiter. Sobald Sie sich auf Defizite konzentrieren, blockieren Sie die Willenskraft Ihrer Mitarbeiter. Denn Mitarbeiter, die ständig zugrechtgewiesen werden und vielleicht sogar den Eindruck gewinnen, man unterstelle ihnen, sie würden absichtlich fehlerhaft arbeiten, entwickeln oft Gefühle von Frustration, Schuld, Selbstzweifel und Angst. Für Mitarbeiter gilt natürlich das Gleiche wie für alle Menschen: Alles, was seelisch oder körperlich belastet, kann die Willenskraft schwächen. Beachten Sie deshalb in Ihrer Führungsarbeit: Wer als Führungskraft dafür sorgt, dass sich Mitarbeiter ängstigen, sorgen, schuldig fühlen, an sich selbst zweifeln oder sich über die Maßen belasten, schmälert den Wirkungsgrad der Mannschaft.

Wer sich auf negatives Denken konzentriert, blockiert sich und andere.

Wenn Sie stattdessen das Gespräch mit Ihren Mitarbeitern suchen und von Zielen sprechen, die Sie im Unternehmen, in der Abteilung, mit der Mannschaft erreichen wollen, können Sie gemeinsam mit Ihren Mitarbeitern darüber nachdenken, welche Voraussetzungen gegeben sein müssen, damit diese Ziele erreicht werden können, und an welchen Fähigkeiten einzelne Mitarbeiter noch arbeiten müssen. Nehmen Sie generell die Haltung ein, dass kein Mitarbeiter absichtlich Fehler produziert oder absichtlich schlecht arbeitet. Dadurch erreichen Sie mit Ihrer Mannschaft sehr viel mehr, als wenn Sie einzelnen Mitarbeitern misstrauen.

Es geht hier keinesfalls darum, eine Art „Kuschelkurs" einzuschlagen. Unternehmen brauchen selbstverständlich Führungskräfte, die darauf aus sind, bessere Geschäftsergebnisse zu erzielen. Der skizzierte emotional unterstützende, empathische Führungsstil ist ein Instrument, das dazu beiträgt. Es geht nicht darum, Mitarbeiter in Watte zu packen. Es geht darum, Mitarbeitern mit Wertschätzung, Respekt, Achtsamkeit und Fürsorge zu begegnen und gemeinsam Herausragendes zu leisten.

Die Aufmerksamkeit der Mannschaft lenken

Kennen Sie das? Sie sitzen in einem Meeting und alle Ihre Mitarbeiter haben ihren Laptop, ihr Tablet oder das Blackberry vor sich auf dem Tisch. Mehrere Gespräche laufen parallel, einige Teilnehmer schreiben SMS oder E-Mails, andere lesen. Jeder schaut in einen anderen Bildschirm, keiner achtet auf das, worum es eigentlich gerade geht, und die gemeinsame Konzentration scheint sich aufzulösen. Die Leistungsfähigkeit des Teams bricht zusammen. Ihre Aufgabe als Führungskraft ist es, die kollektive Aufmerksamkeit in der Gruppe effizient zu fesseln und in eine Richtung zu lenken. So schaffen Sie ein günstiges Willenskraftumfeld, in dem Ihre Mitarbeiter Leistung bringen können. Dazu müssen Sie zunächst Ihre eigene Aufmerksamkeit konzentrieren und dann die Aufmerksamkeit Ihrer Mitarbeiter gewinnen und behalten.

Abschweifende Gedanken

Laut psychologischen Studien schweifen unsere Gedanken am häufigsten bei der Arbeit ab. Unachtsamkeit durch gedankliches Abschweifen ist die größte Verschwendung von Aufmerksamkeit – und damit von barem Geld. Leistung entsteht nur durch die willentliche Konzentration auf eine Aufgabe. Wie Sie selbst Ihre Aufmerksamkeit bewusst steuern können, haben Sie bereits erfahren. Als Führungskraft können Sie Ihre Mitarbeiter darin unterstützen, ein besseres Bewusstsein dafür zu entwickeln, wie sie ihre Aufmerksamkeit steuern. Nutzen Sie dazu die Erkenntnisse des Mindful Leadership, einem Führungsansatz, der die Haltung des achtsamen Führens vertritt.

Aufmerksamkeitsgewohnheiten

Sprechen Sie in Ihrem Team über das Willenskraftumfeld und darüber, welche Aufmerksamkeitsgewohnheiten sie alle entwickelt haben. Wie gehen Sie beispielsweise mit der Datenflut in der Abteilung um? Existieren ausformulierte Kommunikationsregeln, die festlegen, wer in welchem Umfang über welchen Kommunikationskanal mit wem was kommuniziert? Wenn nicht, dann besteht die Gefahr, dass Ihre Mitarbeiter ob der einstürzenden Datenflut, E-Mails, SMS und Notizen nur noch querlesen oder Sprachnachrichten übergehen und dadurch weniger leistungsfähig arbeiten. Die Fülle der Nachrichten lässt ihnen einfach zu wenig Zeit, um über deren Inhalte nachzudenken. Das Übermaß an Information schafft ein Defizit an Aufmerksamkeit und Willenskraft.

Aufmerksamkeitsgewohnheiten analysieren

Laden Sie Ihre Mitarbeiter einmal dazu ein, sich gemeinsam über die Aufmerksamkeitsgewohnheiten in der Abteilung oder im ganzen Unternehmen Gedanken zu machen. Was können und was wollen Sie als Chef und was kann und will die Mannschaft zu einem konzentrierteren Arbeitsstil beitragen? Welche Ablenkungen können und wollen Sie abschaffen?

Achtsam führen

Führen Sie achtsam. Vermeiden Sie das Phänomen der Teilaufmerksamkeit in Meetings und Besprechungen, am Arbeitsplatz und in der Kantine. Wer zu Mittag isst, sollte essen und nicht parallel die neuesten E-Mails checken. Wer am Arbeitsplatz mit dem Kunden telefoniert, sollte sich auf das Kundentelefonat konzentrieren und nicht gleichzeitig an einer Präsentation herumfeilen. Wer in einer Besprechung oder einem Meeting sitzt, sollte sich auf das Thema konzentrieren und nicht in irgendeinen Bildschirm schauen. Teilaufmerksamkeit schafft Minderleistung. Mittlerweile sollte es sich herumgesprochen haben, dass es kein Multitasking gibt. Wir können nur zwischen verschiedenen Inhalten umschalten, was unsere Konzentration immer wieder unterbricht. Dadurch geht Zeit für die ursprüngliche Aufgabe verloren. Studien belegen, dass es 10 bis 15 Minuten dauert, bis wir nach einer Unterbrechung von über 20 Sekunden die volle Konzentration auf eine Aufgabe wiederhergestellt haben.

Deshalb gehört es auch zu einem achtsamen Führungsstil, dass Sie als Chef Ihre Mitarbeiter arbeiten lassen und sie nicht dauernd unterbrechen. Außerdem können Sie prüfen, ob es wirklich sinnvoll ist, in Besprechungen und Meetings weiterhin Mobiltelefone, Laptops und andere digitale Helfer zu erlauben. Sie kennen das aus eigener Erfahrung: Die nächste Verlockung liegt nur einen Mausklick entfernt. Die Konzentration Ihrer Mitarbeiter kämpft ständig gegen Ablenkungen von innen und außen. Stellen Sie sich immer wieder einmal die Frage, wie viele Kosten Ihrem Unternehmen durch Ablenkungen und Unaufmerksamkeit entstehen.

Äußere Ablenkungen und abschweifende Gedanken bei der Arbeit kosten ein Unternehmen viel Geld.

Beispiele

Der Einkäufer eines großen mittelständischen Unternehmens der Verpackungsindustrie berichtete mir in einer Coaching-Sprechstunde: „Wenn ich merke, dass ich bei einer Verhandlung mit meinen Gedanken woanders bin, frage ich mich, um wie viel Prozent ich den Einkaufspreis dadurch schlechter verhandle. Das macht mich schnell wieder konzentriert!" Ein Personalleiter schilderte, dass die Effizienz der Abteilungsbesprechungen – gemessen an der Besprechungszeit pro Thema und dem Umsetzungsgrad nach der Besprechung – enorm gestiegen sei, seit er in der Abteilung die Regel „keine digitalen Helfer im Meeting" aufgestellt habe.

Willenskraftdiebe identifizieren

Identifizieren Sie die Ursachen der Willenskrafterschöpfung Ihrer Mitarbeiter und schaffen Sie zumindest einige davon ab. Helfen Sie sich und Ihren Mitarbeitern, den Erfolgsfaktor Willenskraft klug zu nutzen, indem Sie Rahmenbedingungen schaffen, innerhalb derer dies möglich ist. Dann werden Sie mit Ihrer Mannschaft mehr von dem erreichen, was Sie sich vornehmen. Es gibt noch viele weitere Möglichkeiten, um ein günstiges Willenskraftumfeld für sich und Ihre Mitarbeiter zu schaffen. Auch hier können Sie die Tipps und Tricks aus diesem Buch als Anregung nutzen.

Unsere Gesellschaft

Auf den zurückliegenden Seiten haben Sie erfahren, wie Willenskraft funktioniert und wie Sie Ihre Willenskraft klug nutzen können. Sie wissen jetzt, wie Sie Ihre Willenskraft vor Erschöpfung schützen und wie Sie sie gezielt einsetzen können. Sie wissen auch, dass Ihre Willenskraft – anders als Ihre Motivation – begrenzt und auf Ihre Aufmerksamkeit angewiesen ist. Sie kennen den Gegenspieler Ihrer Willenskraft, das tierische Programm „Anstrengung vermeiden" und „Lust maximieren". Und mit der Fähigkeit, eine Belohnung aufzuschieben, halten Sie den Schlüssel zum Erfolg in Ihren Händen. Sie haben erfahren, dass jede einzelne Entscheidung, die Sie treffen, jede Versuchung, der Sie widerstehen, und jedes Gefühl, das Sie belastet, Ihre Willenskraft ermüdet. Wundern Sie sich also nicht, wenn Ihnen an einem ganz normalen Tag im Leben abends die (Willens-)Kraft fehlt, um Englisch zu lernen, ins Fitnessstudio zu gehen oder Ihre Diät durchzuhalten.

Kaufen, kaufen, kaufen

Sie haben gesehen, dass sich eines der aktivsten Forschungsgebiete innerhalb der Neurowissenschaften um die Beantwortung der Frage dreht, was Sie beim Einkaufen dazu veranlasst, nach einem bestimmten Produkt zu greifen. Und Sie wissen, dass Unternehmen Sie durch gezielt ausgewählte Werbereize in Versuchung führen. Ob sexualisierte Bilder, fett-, zucker- und salzreiche Nahrungsmittel, Düfte oder Töne – die Werbeindustrie lässt keinen Ihrer Sinneskanäle aus, um Ihr Motivationssystem zur Handlung zu treiben – und die gewünschte Handlung heißt: konsumieren und kaufen!

Nur noch ein Klick

Sie wissen auch aus eigener Erfahrung, was mit Ihrer Impulskontrolle passiert, wenn das Versprechen der modernen Technik auf sofortige Bedürfnisbefriedigung auf Ihr Motivationssystem trifft. Gegen die Belohnungsversprechen von SMS, E-Mail, Facebook, Twitter und Co. anzukommen, ist nahezu aussichtslos. Ich wette, dass es mittlerweile kaum noch jemanden gibt, der das Kribbeln im Bauch nicht kennt, das man verspürt, wenn man sein Smartphone zückt, um eventuell eingegangene Nachrichten abzuhören oder anzusehen. Weil wir dazugehören wollen und uns die moderne Technik das Dazugehören so einfach macht, stehen wir unter dem Zwang, uns ständig mit unseren Geräten zu beschäftigen. Es ist fast so, als hätten unsere Smartphones, Tablets und Laptops eine direkte Verbindung in unser Gehirn, zu unserem Motivationssystem. Und wir drücken die Tasten in der Hoffnung auf Belohnung. Das Belohnungsversprechen lässt uns suchen und suchen und klicken und klicken – die Belohnung bleibt aber aus.

Manipulation auf ganzer Linie?

Es ist ganz erstaunlich, wie oft das Scheitern der Willenskraft durch die Belohnungsversprechen unserer „Alles-ist-möglich-Gesellschaft“ ausgelöst wird. Und ich hoffe, dass Sie spätestens jetzt Ihr tägliches Umfeld einmal genauer betrachten, vielleicht sogar auf die Jagd gehen nach den Auslösern, die es Ihnen schwer machen, willensstark zu sein. Wenn ich den Menschen in meiner Coaching-Sprechstunde von den Willenskraftdieben erzähle, kommen immer wieder empörte Reaktionen: Das sei doch eine echte „Schweinerei“, man solle die Manipulation im Handel gesetzlich verbieten. Die Empörung ist verständlich, aber ein Verbot ist nicht die Lösung. Es wäre nicht nur ziemlich schwer umzusetzen, sondern auch für die Mehrzahl der Menschen nicht attraktiv. Wenn es Ihnen geht wie mir, dann haben Sie Freude an einer bunten Welt, die Ihnen die schillerndsten Träume in den schönsten Farben vor Augen führt. Sie haben Spaß an einem Einkaufsbummel, an Promi-Magazinen im Fernsehen oder lustigen YouTube-Videos im Internet, an WhatsApp, Public Viewing oder Facebook. Es ist kaum mehr vorstellbar, wie eine Welt ohne diese Reize aussehen würde. Selbst wenn wir vor dem Neuromarketing geschützt wären, würden wir sehr wahrscheinlich nach Auslösern für Wünsche und Sehnsüchte suchen.

Die Welt, in der wir leben, ist die beste, die wir haben. Wir müssen nicht die ganze Welt ändern, es genügt ein wenig bewusste Aufmerksamkeit, um klug mit unserer Willenskraft umzugehen und mehr von den Dingen zu erreichen, die wir uns vornehmen. Der entscheidende Faktor ist unser Wissen über einige Zusammenhänge in der Welt und unsere Einstellung dazu. Der indische Lehrer Shantideva schreibt:

„Wir hätten keine Aussicht, jemals genug Leder aufzutreiben, um die Welt damit zu bedecken, damit wir uns nie einen Dorn in den Fuß stechen könnten, aber das ist auch gar nicht nötig, denn es reicht ja, unsere Fußsohlen mit Leder zu bedecken."

Die Betrachtungsweise ändern

Wenn wir die äußeren Umstände nicht so verändern können, dass sie uns passend erscheinen, können wir immer noch etwas an uns selbst, beispielsweise an unserer Einstellung ändern. Statt die moderne Technik und die Werbeindustrie zu verurteilen und Verbote zu fordern, können wir vom Neuromarketing lernen und die moderne Technik nutzen. Mit den Tipps und Tricks aus diesem Buch verfügen Sie über das Rüstzeug, anstrengende Verhaltensweisen auf dem Weg zu Ihrem Ziel attraktiver zu gestalten. Es wird Ihnen auch leichter fallen, die „graue Eminenz der Willenskraft", Ihre Aufmerksamkeit, bewusst zu steuern und beispielsweise in Ihrem Social Network die Communities aufzusuchen, die etwas mit Ihren Zielen zu tun haben. Sie werden sich Vorbilder in Ihrem direkten Umfeld, im Netz oder Fernsehen suchen, die das, was Sie sich als nächstes Ziel vornehmen, bereits erreicht haben. Vielleicht beginnen Sie auch damit, selbst einen Blog über Ihre Erfahrungen auf dem Weg zum Ziel zu schreiben.

Durch einen klugen Umgang mit Ihrer Willenskraft werden Sie auf jeden Fall mehr von dem erreichen, was Sie sich vornehmen – um was es sich dabei handelt, das bestimmen Sie.

Fazit

Auf den zurückliegenden Seiten haben Sie gesehen, welchen großen Einfluss Ihre Umwelt und die Menschen in Ihrem Umfeld darauf haben, wie klug Sie Ihre Willenskraft nutzen können. Und Sie haben ein Gefühl dafür entwickelt, dass Sie Ihrer Umwelt nicht ausgeliefert sind, sondern sie aktiv gestalten können – für sich selbst, als Eltern für Ihre Kinder oder als Vorgesetzter für Ihre Mitarbeiter. Damit können Sie es sich und anderen leichter machen, die gesetzten Ziele auch wirklich zu erreichen. Oftmals genügt ein Wechsel der Blickrichtung, um sich das Leben einfacher zu machen. Schauen Sie jetzt noch einmal auf die 15 wichtigsten Tipps aus diesem Buch.

Die Willenskraftverstärker

Action expresses priorities.

MAHATMA GANDHI

Willenskraft bedeutet, sich selbst zu überwinden, um eine Absicht in die Tat umzusetzen, und durchzuhalten, um ein Ziel zu erreichen. Jeder von uns wird mit der Anlage zur Willenskraft geboren und jeder von uns kann lernen, seine Willenskraft klug zu nutzen, um mehr von dem zu erreichen, was er sich vornimmt. Übrigens: Durch die vielen Tipps und Übungen in diesem Buch haben Sie bereits damit begonnen, willensklug zu handeln. Hier folgt nun noch einmal ein Überblick über die 15 wichtigsten Tipps. Denken Sie daran: Wenn Sie auch nur einen dieser Tipps mit der Konsequenz und der Beharrlichkeit einer Schildkröte umsetzen, werden Sie Ihr Leben verbessern – darauf wette ich!

Willenskraft-herausforderung

Was ist Ihnen wirklich wichtig?

Tipp 1: Was haben Sie sich vorgenommen? Welches Ziel wollen Sie erreichen? Passt Ihr Ziel zu Ihren Bedürfnissen und ist Ihr Ziel willentlich beeinflussbar? Verzetteln Sie sich nicht. Nehmen Sie sich nicht zu viele Dinge gleichzeitig vor. *Ein Ziel* ist oft schon genug. Denken Sie daran, Willenskraft ist eine begrenzte Ressource.

Willenskraft-diebe

Schützen Sie Ihre Willenskraft vor Erschöpfung!

Tipp 2: Jede Entscheidung schwächt Ihre Willenskraft. Standardisieren Sie alltäglich wiederkehrende Entscheidungen.

Tipp 3: Jedes Widerstehen schwächt Ihre Willenskraft. Schaffen Sie Ablenkungen und Verlockungen ab. Verlockungen und Ablenkungen, die Sie nicht sehen, hören, riechen, schmecken oder fühlen, können Ihnen und Ihrem Ziel auch nicht gefährlich werden.

Tipp 4: Jede emotionale oder körperliche Belastung schwächt Ihre Willenskraft. Achten Sie auf Ihr körperliches und seelisches Wohlbefinden. Nur wenn es Ihnen psychisch und physisch gut geht, haben Sie einen optimalen Zugriff auf Ihre Willenskraft.

Willenskraft-helfer

Handeln Sie willensklug!

Tipp 5: Nutzen Sie die Macht des Unbewussten. Denken Sie wiederholt an Ihr Ziel und stellen Sie sich vor, Sie hätten Ihr Ziel bereits erreicht. Verbinden Sie diese Vorstellungen mit Bildern und Gefühlen. Malen Sie sich vor Ihrem inneren Auge ganz genau aus, wie es sein wird, sprichwörtlich „auf dem Gipfel zu stehen". Stellen Sie sich vor, mit welcher Körperhaltung Sie auf dem Gipfel stehen, wie Sie zum Beispiel die Arme hochreißen und jubeln. Und dann nehmen Sie immer wieder bewusst diese Siegerpose ein.

Tipp 6: Bahnen Sie sich mit einem guten Was-Wann-Wie-Plan mental den Weg, den Sie dann real gehen. Unterteilen Sie Ihr Ziel in Unterziele und den Weg zum Ziel in einzelne Etappen. Überlegen Sie, welche Hindernisse Sie auf dem Weg zum Ziel aufhalten könnten und wie Sie damit umgehen werden. Indem Sie Ihr Verhalten gedanklich vorwegnehmen, konzentrieren Sie Ihre Aufmerksamkeit auf Ihr Ziel. Dadurch fällt es Ihnen leichter, aktiv zu werden. Denn Energie folgt immer der Aufmerksamkeit.

Tipp 7: Beobachten Sie in den nächsten Wochen, wie Sie sich bezogen auf Ihr Ziel verhalten. Nehmen Sie sich abends vor dem Einschlafen fünf Minuten Zeit und lassen Sie Revue passieren, was Sie über den Tag alles Zieldienliches gemacht haben. Dadurch fokussieren Sie Ihre Aufmerksamkeit auf Ihr Ziel und auf Ihr Verhalten und allein dadurch wird es wahrscheinlicher, dass Sie Ihr Ziel erreichen. Aufmerksamkeit bewusst zu steuern ist der Schlüssel zur Selbstüberwindung.

Tipp 8: Belohnen Sie sich für zieldienliches Verhalten. Überlegen Sie, womit Sie sich eine Freude machen können. Kombinieren Sie ein anstrengendes Verhalten mit einem angenehmen Verhalten, beispielsweise indem Sie eine Illustrierte lesen, während Sie auf dem Laufband trainieren. Und belohnen Sie sich auch, wenn Sie ein Etappenziel erreicht haben.

Tipp 9: Nutzen Sie den Zehn-Minuten-Trick, um sich leichter selbst zu überwinden. Warten Sie zehn Minuten, bevor Sie ein unmittelbares Bedürfnis befriedigen, beziehungsweise widmen Sie sich für zehn Minuten einer anstrengenden Aufgabe, anstatt gar nicht damit anzufangen. Erteilen Sie sich dabei jedoch die Erlaubnis, nach zehn Minuten mit der Anstrengung aufzuhören beziehungsweise Ihr Bedürfnis zu befriedigen – wenn Ihnen dann noch danach sein sollte.

Tipp 10: Automatisieren Sie eine neue, anstrengende Verhaltensweise durch Wiederholen und Einüben, bis sie zu einer Gewohnheit wird. Jedes neue Verhalten, das Sie über einen Zeitraum von sechs bis neun Monaten regelmäßig wiederholen, wird zu einer Gewohnheit, die Sie nicht mehr anstrengt. Automatisieren ist der Schlüssel zu mehr Durchhaltevermögen.

Tipp 11: Regulieren Sie Ihre Emotionen. Beachten Sie, dass es nicht darum geht, negative Gefühle loszuwerden, sondern das Vertrauen zu entwickeln, dass Sie mit diesen schwierigen Empfindungen und Gedanken umgehen können.

Tipp 12: Erhöhen Sie Ihre Selbstwirksamkeit und damit die Überzeugung, dass Sie Ihr Ziel aus eigener Kraft erreichen können. Sie stärken den Glauben an sich selbst, indem Sie Ihre Aufmerksamkeit bewusst auf die Dinge richten, die Ihnen gut gelingen, und auf die Menschen in Ihrem Umfeld achten, die Ihnen etwas zutrauen.

Tipp 13: Meditieren Sie! Atemmeditation ist der wirkungsvollste Willenskraftverstärker, den es gibt. Durch kontrolliertes, langsameres Atmen wird der Stresshormonspiegel in Ihrem Blut gesenkt, Ihre Herzfrequenzvariabilität steigt und Ihr Willenskraftzentrum im präfrontalen Cortex wird aktiviert. Fünf Minuten täglich genügen.

Willenskraft-umfeld

Gestalten Sie Ihr Umfeld!

Tipp 14: Achten Sie auf die Menschen in Ihrer Umgebung. Wer unterstützt Sie, wer behindert Sie, wer glaubt an Sie, wer zweifelt an Ihnen? Schließen Sie sich gegebenenfalls einer neuen Gruppe an, in der die Menschen ähnliche oder gleiche Ziele verfolgen wie Sie. Suchen Sie sich passende Vorbilder, die bereits ähnliche Ziele erreicht haben, wie Sie sie sich vornehmen.

Tipp 15: Achten Sie darauf, welche Medien Sie konsumieren. Welche Inhalte im Radio, im Fernsehen, im Internet oder in anderen Medien haben etwas mit Ihren Zielen zu tun? Welche Inhalte beflügeln Sie, welche bremsen Sie? Gestalten Sie Ihren Medienkonsum bewusst.

Wenn Sie mich fragen würden, was die wichtigste Fähigkeit willensstarker Menschen und zugleich die Quintessenz dieses Ratgebers ist, dann würde ich ohne zu zögern antworten: die bewusste Steuerung der Aufmerksamkeit und damit die Fähigkeit, sich zu fokussieren. Denn diese brauchen Sie, um mit den vielen Ablenkungen und Verlockungen unserer Zeit und dem emotionalen Drunter und Drüber im Leben besser zurechtzukommen. Der Molekularbiologe und Begründer der Mindfulness-Based Stress Reduction (MBSR) Dr. Jon Kabat-Zinn sagt: *„Achtsam zu sein, bedeutet, wach zu sein. Es bedeutet, zu wissen, was wir tun.“*

Ich wünsche Ihnen diese Achtsamkeit, und dass Sie durch einen klugen Umgang mit Ihrer Willenskraft all das erreichen, was Sie sich vornehmen.

Ihr Hans-Georg Willmann
willmann@willenskraft.de

Dank

Das Buch zu schreiben hat mir viel Spaß gemacht, schließlich erlebe ich als Coach täglich, wie das, was ich hier vorschlage, Menschen weiterbringt. Großer Dank gilt deshalb all denen, die mir seit 1998 in meiner Coaching-Sprechstunde ihr Vertrauen schenken. Ihre Erfahrungen auf dem oft steinigen Weg zu einem Ziel finden sich in den vielen Tipps und Anregungen wieder. Danke an den GABAL Verlag für die gute Zusammenarbeit, an Frau Ute Flockenhaus für die gemeinsame Zuneigung zu Schildkröten und an meine Lektorin Frau Eva Gößwein für das tolle Lektorat. Dr. Tobias Stächele, Experte für stressbedingte psychische Erkrankungen gilt mein Dank für seine Hinweise zu einzelnen Themen der Willenskrafterschöpfung. Meinem langjährigen Freund und Marathonläufer Alfons Struch danke ich für seine Anregungen aus dem Bereich der Sportpsychologie. Bedanken möchte ich mich auch bei meiner guten Freundin Sandra Raith für die zahlreichen praktischen Anregungen während der Entstehung des Buches. Dr. Raphael A. Fischer, meinem Gefährten aus Kindertagen, mit dem ich durch halb Europa und zweimal durch die Sahara gereist bin, gilt mein Dank für seinen unkonventionellen Blick auf das Thema Willenskraft. Danke an meine Eltern, die mir gezeigt haben, was Willenskraft ist. Und meiner Frau Melanie Hautz möchte ich besonders und von ganzem Herzen danken. Ohne ihr Verständnis und ihr kritisches Auge wäre das Buch nicht das, was es ist. Danke!

Literaturverzeichnis

Wer noch mehr über den Willen wissen will, findet hier weitere Denkanstöße.

Anderson, J. R.: (Funke, J. Hrsg.) *Kognitive Psychologie.* Berlin: Springer VS Verlag, 7. Aufl., 2013.

Bandura, A.: *Self Efficacy: The Exercise of Control.* London: Palgrave Macmillan. 1997.

Bauer, J.: *Warum ich fühle, was du fühlst: Intuitive Kommunikation und das Geheimnis der Spiegelneuronen.* München: Heyne Verlag, 2006.

Baumeister, R., Tierney, J.: *Die Macht der Disziplin. Wie wir unseren Willen trainieren können.* Frankfurt a. M.: Campus Verlag, 2012.

Bucay, Jorge: *Komm, ich erzähl dir eine Geschichte.* Frankfurt a. M.: Fischer Taschenbuch Verlag, 12. Aufl., 2013.

Damásio, A. R.: *Descartes Irrtum. Fühlen, Denken und das menschliche Gehirn.* München: List Taschenbuch Verlag, 1994.

Danziger, S./Levav, J./Avnaim-Pesso, L.: *Extraneous Factors in Judicial Decisions.* E. Kahneman, D.: Proceedings of the National Academy of Science of the United States of America 108, no. 17 (2011): 6889–892.

Dunbar, R.: *The social brain hypothesis.* In: *Evolutionary Anthropology.* 6, 1998, S. 178–190.

Ericsson, K. A./Krampe R. Th./Tesch-Romer, C.: *The Role of Deliberate Practice in the Acquisition of Expert Performance.* In: Psychological Review, 1993, Vol. 100. No. 3, 363–406.

Rothenbaum, J.: David Garrett. *Die exklusive Biographie.* München: mvg Verlag, 2013.

Gigerenzer, G./Kober, H.: *Bauchentscheidungen: Die Intelligenz des Unbewussten und die Macht der Intuition.* München: Goldmann Verlag, 2008.

Gladwell, M.: *Überflieger. Warum manche Menschen erfolgreich sind – und andere nicht.* Frankfurt a. M., Campus Verlag, 3. Aufl., 2012.

Göhner, W./Fuchs, R.: *Änderung des Gesundheitsverhaltens.* Göttingen: Hogrefe Verlag, 2006.

Gunaratana, M. H.: *Die Praxis der Achtsamkeit. Eine Einführung in die Vipassana-Meditation.* Heidelberg: Kristkeitz Verlag, 2000.

Hanh, T. N.: *Ich pflanze ein Lächeln. Der Weg der Achtsamkeit.* München: Goldmann Verlag, 8. Aufl., 1992.

Heckhausen, J./Heckhausen, H.: *Motivation und Handeln.* Berlin/Heidelberg: Springer Verlag, 4. überarb. u. aktualis. Aufl., 2010.

Hottenrott, K.: *Grundlagen zur Herzfrequenzvariabilität und Anwendungsmöglichkeiten im Sport.* In: K. Hottenrott (Hrsg.): Herzfrequenzvariabilität im Sport, Prävention, Rehabilitation und Training (Bd 129, S. 9 - 26). Hamburg: Feldhaus Bildungsverlag, 2002.

Hüther, G.: Biologie der Angst. *Wie aus Stress Gefühle werden.* Göttingen: Vandenhoeck & Ruprecht Verlag, 10. Aufl., 2011.

Kabat-Zinn, M.: *Mit Kindern wachsen: Die Praxis der Achtsamkeit in der Familie.* Freiburg: Arbor-Verlag, 2011.

Kabat-Zinn, J.: *Achtsamkeit für Anfänger.* Freiburg: Arbor-Verlag, 2013.

Kahneman, D.: *Schnelles Denken, langsames Denken.* München: Pantheon Verlag, 5. Aufl., 2014.

Martens, J. U./Kuhl, J.: *Die Kunst der Selbstmotivierung. Neue Erkenntnisse der Motivationsforschung praktisch nutzen.* Stuttgart: Kohlhammer Verlag, 2. aktualis. und erw. Aufl., 2005.

Marturano, J.: *Finding the Space to Lead: A Practical Guide to Mindful Leadership.* London: Bloomsbury Publishing PLC, 2014.

McGonigal, K.: *Bergauf mit Rückenwind. Willenskraft effizient einsetzen.* München: Goldmann Verlag, 2012.

Mischel, W.: *The Marshmallow Test: Understanding Self-control and How To Master It.* London: Bantam Press, The Random House Group, 2014.

Molcho, S.: *Alles über Körpersprache. Sich selbst und andere besser verstehen.* München: Mosaik Verlag, 2002.

Polivy, J./Herman, C. P.: Dieting and Binging: *A Causal Analysis.* In: American Psychologist 40 (1985), 193-201. Siehe auch: Steenhuis, I.: *Guilty or Not? Feelings of Guilt About Food Among College Women.* In: Appetite 52 (2009), 531-534.

Roth, G.: *Persönlichkeit, Entscheidung und Verhalten. Warum es so schwierig ist, sich und andere zu ändern.* Stuttgart: Klett-Cotta, 4. Aufl., 2008.

Schmidt, G.: *Einführung in die hypnosystemische Therapie und Beratung.* Heidelberg: Carl-Auer Verlag, 2005.

Storch, M./Cantieni, B./Hüther, G./Tschacher, W.: *Embodiment. Die Wechselwirkung von Körper und Psyche verstehen und nutzen*. Bern: Hans Huber Verlag, 2. erw. Aufl., 2010.

Willmann, H.-G.: *30 Minuten Begeisterung*. Offenbach: GABAL Verlag, 2014.

Willmann, H.-G.: *30 Minuten Selbstvertrauen*. Offenbach: GABAL Verlag, 2. Aufl., 2014.

Willmann, H.-G.: *30 Minuten Willenskraft*. Offenbach: GABAL Verlag, 4. Aufl., 2014.

Personen- und Stichwortverzeichnis

Der Autor

© Alex Jung

Ich bin Coach aus Leidenschaft. Als Diplom-Psychologe berate ich seit 1998 Frauen und Männer in beruflichen Veränderungsprozessen und Krisen und unterstützte sie dabei, willensklug zu handeln und Ziele zu erreichen. Warum ich dieses Buch geschrieben habe? Weil ich in meiner Coaching-Sprechstunde täglich sehe, wie Willenskraft erfolgreich macht. Jeder von uns wird mit der Anlage zur Willenskraft geboren – was wir daraus machen, bestimmen wir.

Haben Sie Lust auf noch mehr Willenskraft?
www.willenskraft.de